VOLVER A JERUSALEN

EL ENCUENTRO PERSONAL CON CRISTO
PRACTICANDO LAS 4 ESTACIONES DEL
CAMINO DE EMAÚS

Álvaro Marfull

Febrero 2019

INTRODUCCIÓN

Hoy día muchos sienten un aumento en su sed por obtener dirección y paz. Somos miembros de un Mundo traspasado por dolores, confusiones y decepciones. Vivimos tiempos de enojo y ansiedad. Junto a la indignación por la crisis social y moral y por los escándalos en la Iglesia,

Debemos recordar siempre, que podemos recuperar el sendero que lleva a buen término nuestra vida y la del prójimo: cuando recuperamos las herramientas que el Maestro Jesús, el Mesías Salvador y Liberador, nos mostró. Así, con su Amistad y su Autoridad podremos conducir aquellas fuerzas que a menudo se confrontan, o que no terminan de reconciliarse, dentro de nosotros. Confrontación y conflicto que es síntoma de la pérdida de la Amistad con Dios, o de nuestro debilitamiento con ella.

Cristo ha hecho posible recuperarla y, poco a poco podemos profundizarla, permitiendo así que ella se manifieste en nuestra manera de pensar y en la manera de relacionarnos con nosotros mismos, con los demás y con nuestro Origen y Destino. No hay que temer que seamos pocos los que sigamos creyendo y confiando. Es la característica de los profetas: ser pocos, e impactar positivamente a muchos, porque con una vida de intensa intimidad con Dios se transforman en levadura ahí donde viven y donde trabajan.

Le hablamos especialmente a aquellos que todavía les importa la Fe y caminar con Cristo, y que sienten que lo hacen en una tormenta en plena noche, pensando que los valores del Reino son una utopía demasiado dolorosa; o que les da excesiva vergüenza reconocer que son miembros de una institución que experimenta signos de decadencia. Pero la Esperanza nos dice que "Caín" puede dominar sus tendencias y que puede reivindicarse. Es el mensaje y la práctica permanente de Jesús en los evangelios: predica y practica la reivindicación. Para esto debemos ponerlo a él como centro de nuestra vida y mientras avanzamos o estamos caídos, sus palabras poderosas que sean nuestra oración: "*Yo soy el pan de vida*" (Juan 6,35). Solo él y únicamente él puede nutrir nuestras vidas de manera definitiva. Ningún ser humano se puede atribuir esta capacidad; por muy sabios y consecuentes que hayan llegado a ser algunos.

Muchos han "perdido la Fe" por haber dependido de la moralidad de otro ser humano. Estos habían construido sobre arena. Se habían quedado en una etapa inicial de la Fe.

En momentos en que nuestros espíritus sienten la amenaza de la "muerte de Dios", es decir que se convierta en un tema irrelevante, tenemos la oportunidad opuesta: redescubrir al Hijo del Hombre Vivo, Pastor, Amigo y Mesías en un encuentro personal, sin burocracia, tal como siempre ha sido su designio. Tenemos al frente el desafío de encontrar el camino en medio del caos, durante este invierno espiritual que quiere apoderarse de toda nuestra vida con sus tormentas, tristezas y hielos. Este camino sagrado existe, y es el que recorrieron, en las mismas condiciones, los dos discípulos de Emaús hace unos 2000 años.

"Volver a Jerusalén" quiere decir que hay completar un viaje, el que no es a otro lugar del Planeta. Se trata de un camino espiritual para recorrer ahí mismo dónde uno está en la vida. Y avanzar en él hasta que se produzca un encuentro directo con Jesucristo. Esto es lo que Él mismo les enseñó de manera práctica a María y a José al comienzo, y a los dos discípulos de Emaús al final. En ambas ocasiones Jesús es perdido y hallado.

El discipulado cristiano es un recorrido, una caminata o peregrinación. Los primeros cristianos eran conocidos como "los del camino". Este camino tiene siempre un mismo destino, encontrarse personalmente con Cristo. De esa manera nos hacemos capaces de acompañar a otros en el mismo recorrido y hacia el mismo encuentro. A esto es lo que nos quiere ayudar este libro.

Tus anotaciones:

PRIMERA PARTE

LA BÚSQUEDA DE LA EXPERIENCIA DE DIOS

1) Ni a Dios ni a nosotros nos satisface una relación distante.

En el texto de Génesis 3, 8-10 vemos a los primeros hombres tratando de esconderse de Dios y experimentando miedo, comportamientos que son síntomas de la ruptura de la relación y de la pérdida de esa intimidad con Él. Si "Adán" antes de la tentación podía conversar fácilmente con su Creador, después tiene que recurrir a ciertos ritos para establecer algún tipo de contacto con la divinidad. Pero la ambigüedad de esos ritos se hace evidente desde el comienzo. Caín, el primer hijo de Adán, se siente vulnerable y amenazado debido a la frustración que le produce su comunicación defectuosa con el origen de la Vida, cede ante la actividad de esos sentimientos, y después de practicar un rito de culto a Dios asesina a su hermano Abel (Génesis 4, 1-4). ¡Cuántas veces a través de la Historia hemos visto que dentro de las actividades y ambientes de todas las religiones ocurren luchas encubiertas y también abiertas, que han terminado en venganzas y crímenes no solamente de tipo moral!

Nuestra existencia en la Tierra tendrá como uno de sus rasgos más fuertes el de vagar como Caín: obligados a hacer un trabajo de equilibrio interno frente a esa frustración inscrita en nuestros genes o en el inconsciente colectivo. Experimentando de tiempo en tiempo todo tipo de convulsiones y fracasos en esa tarea.

La pérdida de la visión de Dios tiene como consecuencia el imperio de los antagonismos dentro de las dualidades de la que estamos compuestos (cuerpo-alma, emocionalidad-razón, pensamiento-voluntad, reposo-acción, individualismo-gregarismo, egoísmo-generosidad, Etc.) de la que estamos hechos.

Caín y Abel subsisten en nuestra psicología. Por ejemplo, mediante la doble alternativa de elegir una conducta corrupta o una virtuosa, o entre el bien común o el individual. Por eso, a menudo se pretende resolver las cosas con agresión y dominación, con envidia y odio: depredarnos entre nosotros.

Sin embargo, también como Caín hemos tenido la opción de hacer nuestro trabajo con esperanza: *"**Entonces el Señor le dijo: «¿Por qué te enojas y pones tan mala cara? Si hicieras lo bueno, podrías levantar la cara; pero como no lo haces, el pecado está esperando el momento de dominarte. Sin embargo, tú puedes dominarlo a él.**"* (Génesis 4, 6). Y Caín no supo o no quiso hacer lo bueno y la frustración lo dominó. "Levantar la cara" implica mirar hacia afuera, hacia lo alto, vencer el egocentrismo y la obsesión con las propios vacíos, debilidades y enojos. ¿Qué era lo bueno que Caín no supo o no quiso hacer? Precisamente eso: **descentrarse de sí**. Abel podía hacerlo más fácilmente porque siendo pastor debía de ocuparse de seres que eran más dinámicos que los simples vegetales. Caín como "agricultor" en cambio debía estar continuamente escarbando y autoevaluándose, con la cara mirando hacia el suelo. La Biblia contiene Sabiduría.

Nunca fueron, ni nunca serán suficientes nuestros esfuerzos en la labor de auto gobernarnos. Por ello, desde la eternidad fue diseñado por Dios el plan de rescate, uno con el que pudiera cumplirse el propósito con el que fuimos creados.

Sorpresivamente el ser humano escucha un mensaje divino inaudito: *"Vendremos a quien nos ame, y haremos nuestra morada en él"* (Juan 14, 23). No es que únicamente Dios se haya encarnado en Jesús de Nazareth, sino que **este Misterio se podrá repetir en un modo diferente, en cada ser humano** que lo acepte. Así Cristo nos fortaleció para que podamos "levantar la cara" con confianza, con esperanza, sin confusión, sin culpa.

2) La relación con un Dios invisible

Sucede que buscamos a un Dios invisible. Un Dios en el que, si fuera evidente por sí mismo, todos creerían fácilmente en él. También sería otra la realidad de la Iglesia y el Mundo. Pero, tal vez, seríamos menos libres. Así en esta "invisibilidad" podemos ver una Providencia: Dios quiere establecer un contacto personal con cada uno y para tenerlo debemos, por una sucesión constante de gestos, confirmar que hemos aceptado la invitación, y que nos dirigimos hacia "allá". Debemos **desandar por nosotros mismos el camino** por el que nos alejamos. Digámoslo de esta forma: Dios estableció una ruta de regreso para todos y cada uno, y nos manda el pasaje, pero nosotros tenemos que ir hasta el aeropuerto y tomar nuestro puesto en el avión y hacer esto en todas las paradas que nuestro viaje lo exija. En cada detención encontramos un mensaje personal de él y la confirmación del vuelo. No podemos iniciar ni continuar el viaje sin usar nuestro libre albedrío.

Para conocer a Dios necesitamos mediaciones que sirvan como instrumento de encuentro, que sean como un puente que nos conduzca a relacionarnos deliberadamente con él, hasta llegar a la cercanía más radical posible.

Las Escrituras nos informan que ése encuentro es "interior". Y que, en medio de nuestras experiencias concretas y cotidianas, no solo se "en-carna", sino se "en-alma". Asume todo nuestra esencia y corporalidad. Como unidad. San Agustín dirá que Dios es más íntimo a uno mismo que lo que podemos estarlo nosotros. O sea, él puede relacionarse de manera más profunda con nosotros de lo que podemos hacer nosotros viajando hacia nuestro mundo interno (**Deus interior intimo meo**).

"Y el Verbo se hizo carne y habitó entre nosotros" (Juan 1,14), *"El Reino ya está entre ustedes"* (Lucas 17:20-21). Se metió en nuestra Historia. Esto ocurre con una característica que no hace fácil su percepción tampoco: *"**La venida del Reino de Dios no se producirá aparatosamente, ni se dirá: véanlo aquí, o allá.**"* (Lucas 17, 20-21)

La doctrina sobre la existencia de un Dios al que se lo puede encontrar a través de la inteligencia y observación de la vida natural es antigua (Salmo 19, 1-11). El último Catecismo de la Iglesia Católica afirma esta capacidad y posibilidad humana (CIC # 27-38).

Pero ello no implica necesariamente la experiencia de **intimidad consciente**, entre Creador y creatura.

Para eso están las 4 vías-estaciones de Emaús que nos hacen ver y entrar al Reino; el cuál, aunque no es de aquí, comienza aquí.

3) <u>La recuperación de la intimidad con Dios es expresión de la Revelación y de la Salvación</u>

El encuentro de Dios a través de las cosas creadas, podría ser la conclusión de un observador perspicaz y de hasta un científico, pero difícilmente el resultado fuera algo más que una "relación distante" con Él. En este tipo de relación no hay **afectividad** ni **compromiso personal** entre las partes. Puede ir no más allá de una admiración sobrecogedora (a la que le reconocemos el valor de ser el comienzo o un preámbulo para algunos de un camino de amistad con el Señor,). Es lo que anuncian las Escrituras, el Magisterio y la vida de muchos testigos: **Dios no es un ser abstracto o una idea especial, es el Ser abierto a una relación de intimidad.** Esto es nuestra vocación y destino. La perdimos y la debíamos recuperar. Por eso y para eso él se Revela.

La **intimidad** tiene elementos distintivos, que la convierten en un acontecimiento opuesto a una relación "distante". Destacamos **tres** de ellos: el conocimiento mutuo, un sentimiento de confianza, y la producción de intereses comunes. La "relación en intimidad" nace en un encuentro y conduce a un **conocimiento mutuo**: sé que el otro sabe que lo conozco y que lo diferencio de los demás. Y sé que él me conoce y me diferencia de los demás. Hay una interacción entre sujetos, no entre objetos: es personal.

En la intimidad se experimenta un **sentimiento de confianza**: me muestro y el otro se me muestra en su historia. Compartimos sueños y experiencias, así como secretos y confidencias. Y se establecen **intereses comunes**: lo que a uno importa y entusiasma, al otro también. Miran juntos hacia un destino común. Cobra valor la lealtad a lo que el otro es y a sus intereses. A toda su singularidad. Se produce un crecimiento ascendente de intimidad. El **Matrimonio** y la **Eucaristía** son los sacramentos que mejor explican esto.

4) "Vengan a mí todos..." (Mateo 13)

Hasta que Dios se hace hombre en Jesús de Nazareth, la **intimidad con Dios** la habían tenido muy pocos escogidos, por ejemplo, después de Abraham, los dos hermanos Moisés y Aarón.

El Pueblo de Israel se sentía privilegiado porque "Dios habitaba en medio de ellos". Era el "Pueblo de Dios" (Éxodo 6, 7-9). Pero este mismo pueblo mató a líderes -los profetas- que tenían una familiaridad especial con la divinidad. No bastó que le hicieran cercana esa Presencia. Luego del Éxodo, al querer tener un rey humano estaban manifestando la tendencia a querer depender solo de sí mismos. Con el paso de los siglos terminan dividiéndose en dos reinos; ambos serán conquistados y destruidos. El pueblo con su corrupción y su mala comprensión de lo que era ser "verdadero israelita", erradicó al Espíritu de Dios del mismo Templo. Dejando solo palabras y rituales que aumentaban la "nostalgia por Dios" y haciendo que esta se experimentara como verdadera angustia.

Anhelaban la llegada de su Mesías. El líder que pondría todo en orden dentro de Israel y alrededor de Israel. Y ese líder llegó: ***"A lo suyo vino, y los suyos no le recibieron"*** (Juan 1,11). Su ministerio profético le costó la vida, a manos de su propio pueblo.

Jesús de Nazareth se convirtió de esta manera dramática en el Mediador que hace que sea posible la unión definitiva y total entre la divinidad y el ser humano. Con su sacrificio voluntario volvió a hacer posible la **intimidad sagrada** para todos, sin restricciones.

Superando toda imaginación/expectativa humana, el Dios Real y Verdadero se pone al alcance nuestro; no aquél que es producto simplemente de nuestros deseos y de nuestra capacidad de imaginar.

Sin embargo, en la Ascensión Cristo vuelve a hacerse invisible.

Es como si Dios se nos volviera a "escapar". Pero tenía previsto que así fuera. Y por esto fundó una Comunidad: la Iglesia. Esta lo debería hacer presente en todo tiempo y lugar. Ella recibe del Resucitado, para que los conserve y transmita con fidelidad los 4 medios, vías, caminos, herramientas para encontrarnos personalmente con Dios a través suyo.

El Mesías, con su "des-aparición" deja el protagonismo a quien representa la vida íntima de Dios: El Espíritu Santo. A la comunidad de discípulos, la Iglesia, le es prometida su efusión. (Juan 16,7-8). Y estos deben convocar a todos a experimentar lo mismo. Por eso el Dios en el que creemos es el Dios en que creyó el Galileo, aquél que como Padre es el Iniciador de la Sanación, el Hijo el Ejecutor, y el Espíritu Santo el Transmisor de los efectos a cada persona que acepte a Cristo como su Salvador.

5) <u>El producto teológico del encuentro: La Gracia santificante.</u>

La amistad divino-humana es iniciada y sostenida por una acción sobrenatural. En las Escrituras encontramos una palabra que simboliza esa acción: La Gracia.

La "Gracia" no es una cosa. Es una presencia personal. Es Dios estimulando y nutriendo nuestras potencias, para que, una vez que con nuestra libertad aceptemos llevar adelante el movimiento estimulado, el efecto deseado alcance su plenitud. ¿Cuál es este efecto y esta plenitud?: *"que Dios sea todo en todos"* (1 Corintios 15, 28), que cada uno pueda llegar a decir *"ya no soy yo quien vive en mí, sino Cristo"* (Gálatas 2, 20).

El adjetivo "santificante" lo agrega la Iglesia después como un código "técnico" referido al efecto principal que su visita produce.

Decimos que es "santificante" porque cuando respondemos en la dirección que Dios nos estimuló, y lo hagamos aún "contra vientos y mareas", el resultado será el perfeccionamiento de nuestra semejanza con Dios: seremos "santos" como él ES Santo. Porque él habitará en nosotros perfectamente. Cada vez más, tal como la Escritura lo afirma (Levítico 19, 2; 20, 7; Mateo 5, 48). Esto primero implica un proceso interno, que debe expresarse y es reforzado por expresiones externas: actuar como Jesús lo haría. Si Jesús nos devuelve la **Inocencia espiritual**, es nuestra responsabilidad trabajar en nuestra **inocencia mental**.

Dice el Catecismo: *"La gracia es una participación en la vida de Dios. Nos introduce en la intimidad de la vida trinitaria."* (#1997). *"La gracia santificante es un don habitual, una disposición estable y sobrenatural que perfecciona al alma para hacerla capaz de vivir con Dios, de obrar por su amor"* (#2000).

Nuestra convicción es que las "4 vías-estaciones de Emaús", tienen como efecto nutrirnos con Gracia. Con la Presencia que perfecciona y hace fértil los rasgos espirituales que nos hacen reflejo de Dios y parecidos a Dios: la capacidad de **conocer**, de **amar** y de **crear** (transformar la Creación): nos santifican.

6) <u>Deshacer nuestros vestidos de hojas</u>

"El sentido de la vida no se inventa, se descubre".

Víctor Frankl

Las consecuencias de mirarse tal cual uno es, y sobre todo ver las miserias que nos ha tocado experimentar y las soluciones destructivas que a veces hemos elegido, producen miedo. Al querer defendernos de esto construimos explicaciones para bajar la intensidad de esa emoción. Creamos una fachada, que puede ser de tipo "espiritual", y así tener una autoimagen positiva, tener buenas relaciones públicas con los demás (aprobación social), y aprobación de "dios" (no del verdadero, sino de uno imaginado).

Los primeros seres humanos nos heredaron la capacidad de elaborar excusas y protecciones artificiales para escondernos de nosotros mismos, de los demás y de nuestros orígenes. Esto, en el lenguaje de la Psicología se llaman "mecanismos de defensa". Todos tenemos alguno preferido. Solo cuando llegamos a experimentar un amor redentor e incondicional podemos dejar de depender de ellos y terminar su uso. Mostrarnos desnudos (sin-nudos).

Una experiencia espiritual auténtica es aquella que nos ayuda a desarrollarnos como personas. Y esto pasa por conducirnos hacia la verdad de nosotros mismos. Sin una mirada honesta y equilibrada de nuestra historia propia, no puede haber desarrollo. Por esto, una búsqueda que esencialmente quiera consuelo sin transformación será sospechosa de ser una fabricación nuestra: una manipulación, es decir evasión, una droga. Si cuando alguien nos hace sentir que nuestra creencia es puesta en duda y sobre-reaccionamos con fanatismo y con violencia, está indicando que la hemos inventado nosotros como una protección para sobrevivir, más que para crecer.

Una espiritualidad auténtica, en cambio, nos otorga conocimiento y autoridad sobre quiénes somos y aumenta la conciencia y respeto por quiénes son los demás. Y nos enseña a confiar en la vida; y a amar la Verdad, a no confundir la que es la absoluta con un descubrimiento particular. A ser compasivos sin ser ingenuos respecto a nuestra naturaleza. Y muchas cosas más. Podríamos decir que todos los que pongan o tengan sus pies en el camino cristiano, tienen que iniciar un proceso de conversión. En este observamos en profundidad y con actitud crítica, podremos descubrir los motivos reales de nuestros comportamientos y creencias.

6.1) Algunos "vestido de hojas" (protecciones).

6.1.a) El miedo y la culpa

En experiencias de formación suelo hacer esta pregunta: *"¿A cuántos de ustedes cuando eran niños para que se portaran bien o hicieran algo, los amenazaron con castigos de Dios, con el diablo y-o con el infierno?"* Casi nadie niega haber recibido tal tipo de amenazas. Algunos lo toman con humor, pero todos se dan cuenta que eso tuvo consecuencias en su religiosidad.

La existencia de un estado espiritual llamado "infierno" y de una jerarquía angélica que se opone a Dios y a todo lo que es bueno, bello y verdadero, son hechos que forman parte de las enseñanzas de la Iglesia. Sin embargo, no pocas veces han sido, como muchos otros temas, mal enseñados, mal entendidos, y mal usados o mal integrado. Uno de los malos usos ha sido el de intentar manipular los comportamientos, y, lo que es peor, las conciencias, a través del miedo y de la culpa. Un comportamiento insano es estarse torturando a sí mismos con el miedo y la culpa. Necesitamos purificar la Fe de la presencia de supersticiones.

Hay que saber que fuimos creados con la capacidad de entender lo que es moralmente bueno y lo que no lo es. También nuestra alma guarda una información acumulada y heredada a través de decenas de miles de años. Ese conocimiento intuitivo (que no tiene que ver con la razón ni con los sentidos) del que no nos damos cuenta (decimos que es "inconsciente"), ha sido expresado a través de símbolos imaginados. La ciencia psicológica les llama "arquetipos" (*arqueo*= antiguo *tipo*= modelo) Algunos de estos, desde muy antiguo, la Iglesia los reconoce como preparación de la Revelación.

Cuando Dios comienza a mostrar su Misterio personal (se revela), **confirmará algunos aspectos** de esa intuición, y, sobre todo, **la corregirá**.

El miedo y la culpa tienen una función de ayuda en un comienzo. Ambas son reacciones emocionales, las que, como el dolor, nos pueden proteger de peligros y de repetir conductas que nos han dañado. Son como "alarmas mentales" que se activan en nuestro cerebro.

Sabemos que una persona está mentalmente enferma, sufriendo una neurosis, cuando su vida está dominada por la desconfianza y el autocastigo. Es decir, también **podemos enfermarnos espiritualmente cuando el miedo y la culpa se transforman en rasgos esenciales de nuestra religiosidad**.

El miedo y la culpa deben ser solo "despertadores" o "alarmas". Y no las únicas ni las principales ¿Qué nos pasaría si todos los días y durante la mayor parte de ellos, estuviéramos oyendo el reloj despertador, alarmas de Tsunamis o de tornados? Hay personas que no han aprendido a manejar y a responder con equilibrio, constructivamente, a esas alarmas; por eso las mantienen insanamente encendidas con su falta de madurez humana y espiritual. O apagándolas, con evasión, respuestas fanáticas e ignorando la Esperanza del Evangelio.

Esos miedos y culpas desequilibradas son también "vestidos de hojas" que heredamos de la primera pareja humana. Dios nos quiere libres de todo ello. Las Escrituras dicen: ***"Si el Hijo les da la libertad serán verdaderamente libres"*** (Juan 8,36). Él y su Iglesia nos quieren libres de **máscaras mentales** (los intentos de ocultar una mala opinión personal con una fachada agradable) y de una religiosidad inmadura.

Una característica de esas máscaras y de esa religiosidad es la centralidad que tiene en ellas una **interpretación irreal de la acción diabólica**. Síntoma de esto es la multitud de gente obsesionada con la acción del diablo, creyendo ver que en cada cosa mala que les pasa o en situaciones anímicas adversas, la acción de hechizos y brujería.

En el otro extremo tenemos quienes son completamente indiferentes y lo ven solo como una fantasía religiosa. Los extremos aquí tampoco son convenientes. La Iglesia espera que tomemos en serio nuestra propia responsabilidad, dejando de echarle la culpa al diablo de lo que, sino únicamente, es principalmente obra u omisión nuestra.

Un observador crítico puede sospechar sobre los motivos por los que en algunos grupos se mencione la acción diabólica: ¿Será porque en esos grupos están convencidos de la cercanía de esa presencia? ¿Será porque algunos tienen intereses muy personales sabiendo que a cierta gente les entretiene que les hablen de esos temas? ¿Será porque logran darle "estructura", es decir un orden lógico a sus luchas diarias, creando una escena teatral donde el bien y el mal aparecen identificados en personajes que explican y les dan coherencia a los capítulos de esa obra? ¿Es la forma como espontáneamente tratamos de manejar la contradicción que producen las **experiencias de dolor intenso**, que nos lleva a dividir el mundo y nuestra vida "en blanco y negro", identificando con claridad los líderes y las acciones de cada color? ¿El tener presente "al diablo" nos permitiría construir una escena en la que nos sentimos héroes con una misión especial, como si fuéramos "san Jorge luchando con el dragón", o como Cristo venciendo las tentaciones sugeridas por satanás?

Hablar de lo demoniaco por razones que **no sean** educativas (por ejemplo, para tener atención de un público) **no** produce cosas buenas.

Por eso necesitamos entender la atracción que tantos sienten por el "lado oscuro".

El origen de esta reacción de curiosidad, morbo y temor se remonta a decenas de miles de años atrás, cuando el ser humano primitivo **inventó ritos para manejar su relación con la vida**.

Los **fenómenos alegres y positivos**, como lo son la **fertilidad**, la abundancia de **comida**, el cambio de las estaciones, el cambio de día a la noche, Etc. Lo impactan y lo conducen a ver en todo ello un **misterio poderoso**.

La imposibilidad de explicarse de manera natural esos fenómenos, llevó a nuestros ancestros más lejanos a imaginarse la existencia de "**divinidades buenas**", que favorecían el bienestar de los seres humanos.

La situación contraria, es decir ser víctima de fenómenos **naturales adversos** -las catástrofes climáticas y las situaciones dolorosas como hambre, accidentes, enfermedades y muerte- lo llevaron a imaginarse que en esas "divinidades buenas" también había **reacciones humanas de insatisfacción y de enojo**. O, que definitivamente había **divinidades completamente destructivas o "malas"** junto con las "buenas", las que exigían un "pago" por las "malas conductas humanas". Esto es lo que ocurre, por ejemplo, con los dioses que imaginaron los griegos.

Resumiendo: los seres humanos primitivos atribuyeron a la acción de **fuerzas** o **seres superpoderosos buenos y malos** (las "divinidades"), en la producción de aquellas cosas para las que no conocían sus causas o no le encontraban explicación racional y que no podían manejar. Esto dio origen a **dos comportamientos básicos**:

6.1.b) <u>La superstición</u>

La producción de ritos y de un culto para "mantener contentas" a las divinidades y tener su favor y protección y así asegurar "la suerte", es uno de esos dos comportamientos primitivos humanos.

En eso hay oculta la presencia de un **"pensamiento mágico"**. Cuando alguien "piensa mágicamente", él o ella cree que con los ritos adecuados se **puede controlar la actitud de divinidades o energías naturales, sobrenaturales y asegurar su benevolencia hacia sí mismos.** Esto es la fuente de las **supersticiones**, es decir de las ideas y acciones a las que se les atribuye un poder especial, sin que se pueda explicar por qué ocurren y cómo desarrollan su efecto. Solo es un acto irracional de "querer que eso sea así".

El **"pensamiento mágico"** es la raíz de la "actitud supersticiosa". Estas nos llevan a creer que un determinado objeto "trae suerte", o que nos protege de accidentes.

La intención oculta o inconsciente, de las conductas supersticiosas, (aquello que secretamente se desea obtener) es la

producción de **los acontecimientos felices y el control de los hechos dolorosos de la vida**: asegurar el acceso a lo benéfico y protegerse de lo maléfico. En el fondo lo que se busca, es **disminuir** la **ansiedad** y el **miedo**. Para esto "cualquier cosa sirve", aunque sea imposible explicarlo o probarlo. Esto no es Fe, es superstición.

Ya sean **teorías** (si se cruza un gato negro es mal augurio), **objetos** (pata de conejo, talismanes), **conductas rituales** (como evitar pasar debajo de una escalera), las supersticiones son solo **deseos** y **creaciones imaginarias**. Que tienen una función "tranquilizadora". La superstición no nos cambia la vida.

La **Fe verdadera** en cambio, como explicaremos más adelante, **se basa en hechos**, no en imaginaciones o emociones. Y tienen funciones distintas: La Fe nos informa que Dios no es manipulable, y que su amor por nosotros nunca disminuye. La Fe, por oposición a la superstición, exige consecuencias en nuestra manera de pensar y actuar. La Fe verdadera nos "intranquiliza" sanamente.

En muchas **leyendas y celebraciones folclóricas** alrededor del Mundo, se hace presente ese deseo de obtener control sobre el "mal". La celebración de Halloween es muy criticada por algunas personas religiosas. Sin querer hablar en favor o en contra de esto, analicemos brevemente lo que pasa con ella para explicar lo que hemos dicho sobre el deseo de defenderse del mal que está en el fondo de todas las personas.

En Halloween, por una parte, se juega con el "dulce" para **librarse de la amenaza material** (la travesura). Y, por otra parte, sabemos también que "el mal" produce más temor y ansiedad cuando no se lo ve. Por eso, el disfrazarse de seres malignos o seres sufrientes, quiere **hacérselo visible.** Así, al hacerse perceptible por los sentidos, **se le disminuye su poder** ridiculizando su presencia. Esto quiere expresar el deseo de **controlar el mal**.

6.1.c) La religión "parche o tapagujeros"

La adopción de la "religión tapa agujeros" o "religión parche" es el tercer comportamiento producido por la superstición. Una religión de este tipo aparece cuando alguien usa una doctrina (cualquiera) para explicar aquellos fenómenos naturales o situaciones humanas sobre los que no se conocen las causas, ni se pueden estudiar a través de los 5 sentidos y **que tampoco exige necesariamente una transformación personal o un comportamiento virtuoso**.

La **Fe cristiana** auténtica, en cambio, exige esa transformación y nuestra colaboración concreta y nos desafía a desarrollar nuestra confianza en la Providencia y una razonable actitud de iniciativa que nos dice "ayúdate que Dios te ayudará".

Todas las religiones de alguna forma u otra recogieron las ideas primitivas sobre el bien y el mal. Por eso también a mucha gente le atraen todas las experiencias extraordinarias, ya que le dan la sensación de estar adquiriendo un conocimiento especial (gnosis), "una magia" para controlar lo que les ocurre o podría ocurrir. La Iglesia lo sabe, y entiende que debe educar mejor a la gente y **purificar** de supersticiones a la Fe. Muchos leen la Biblia o participan en encuentros religiosos, guiados por el "pensamiento mágico", **buscando solo consolación**, pero no, también, hacerse responsable de los cambios que solo él o ella puede y necesita producir en su propia vida y en su ambiente.

Como decíamos, ya que le da la sensación de estar cerca de lo divino, **el ser humano siente fascinación por "lo milagroso"**. Por ello, cualquiera que hable con imágenes extraordinarias – un sacerdote o un laico – sobre el conocimiento directo o indirecto de ese mundo espiritual, (tanto del luminoso como del oscuro), tendrá audiencia y atención. El hambre de Dios es consciente e inconscientemente explotada por algunos, abusando de temas que impactan y entretienen.

Quienes desde niños se desarrollaron en un ambiente familiar o cultural en que la Fe fue asociada a una "religión parche-tapagujeros" (es decir que explicaba como "castigos" de Dios y/o como "ataques del diablo", sus experiencias materiales y psicológicas dolorosas, así como sus fracasos morales), manifestarán junto a sus creencias cristianas una fuerte creencia en hechiceros, brujos, chamanes y sortilegios de todo tipo; así como numerosas creencias transmitidas por medio de la cultura, de las que no hay explicación más que la de ser efectivas para estimular los miedos y las culpas: las supersticiones.

Siendo solo sugestiones culturales y neurosis, esto explica que encontremos tanta gente que cree estar bajo la influencia de hechizos y maldiciones, y hasta de posesiones diabólicas. Y no es que el "enemigo de la naturaleza humana", como le llama san Ignacio de Loyola, no exista.

Así hay quienes sintiéndose faltos de afecto y de preocupación hacia ellos, o que las adversidades se les hacen insoportables, quieran impresionar con "visiones" o hacer creer que está "poseído (a)", ya que esto les da la atención que les ayuda a superar esas sensaciones haciéndolos "interesantes" para sí mismos y para otros.

Lo que sí es muy real, es la cantidad de "brujos" y "videntes" sacándole dinero a gente, rica y pobre.

La Iglesia reconoce la ocurrencia de fenómenos llamados "parapsicológicos", que tienen su origen en la mente y que son estudiados por una ciencia respectiva (la Parapsicología). También sabe que las "posesiones" reales pueden ocurrir, pero no de la forma y con la frecuencia como algunos gustan creer.

¿Entonces lo demoniaco y el diablo son solo inventos nuestros? La verdad a veces se presenta a través de símbolos. La imaginación y la cultura han producido errores de interpretación de los hechos y de los símbolos. Por falta de formación, muchos mantienen una manera de pensar muy simple. En los tiempos de Jesús muchas enfermedades eran consideradas como síntomas de una acción sobrenatural pero no eran verdaderas "posesiones". Aunque algunas sí lo fueran.

Al ver en los evangelios a Cristo haciendo milagros e interviniendo sobre fenómenos naturales, muchos han creído que eso puede ser una constante. Sin embargo, siempre debemos recordar que **el Dios que nos muestra Jesucristo** es uno que **respeta la autonomía de las leyes naturales y los procesos del Universo que El creó**. Y no interviene, aunque tenga el poder, por ejemplo, para adelantar una estación, detener una tormenta o una erupción volcánica. No es que **los milagros espectaculares** entendidos como la suspensión temporal de algunas leyes naturales, no hayan ocurrido o no ocurran, pero estos **son hechos muy excepcionales**. Los milagros hechos por Cristo tenían por finalidad el ser signos de su divinidad, y explicar que por esto tenía autoridad sobre todos los elementos creados.

¿Es legítimo y tenemos derecho hoy día pedir milagros? Tenemos que decir que todos los días ocurren "milagros", por ejemplo a través de la sencillez de los Sacramentos, o de las conversiones personales y de gente que conocemos. Sabemos también que para poner en el "canon (lista) de los santos" (canonizar) a una mujer o un hombre que ha sido declarado "beato", se requiere que se compruebe la ocurrencia de dos milagros ocurridos por su intercesión, y para esto se pide una intervención de la ciencia médica, por ejemplo.

Entonces podemos pedir milagros, pero no podemos creer que nuestra vida se soluciona "a puro milagros", sino a través de decisiones bien pensadas e inspiradas y expresadas en comportamientos virtuosos.

La acción divina permanente en el Mundo, aparte de sostenerlo con vida, se desarrolla, como una ley, a través de la Gracia con que nutre a cada bautizado y a quien practica los valores del Reino. Así sus acciones personales mejorarán las condiciones de vida de sí mismos y la del prójimo. El camino personal, con sus batallas espirituales, con pequeñas y con grandes decisiones, día a día, es lo que hace presente a Dios, aquí y ahora. La Presencia del resucitado, por ejemplo, se hace presente en un poco de pan y un vaso de vino.

El Dios en que cree Jesucristo, es uno que rechaza la idea de que, para sernos propicio (darnos cosas buenas), necesita de los ritos por los que el ser humano ha tratado de controlar sus temores y a sus "dioses" imaginarios. Por eso es por lo que se resiste a darle a Moisés un nombre que les haga pensar a las tribus que lo pueden manipular (Éxodo 3, 14). Aquel Dios misericordioso que lleva al Mesías a sentarse amistosamente con "los malos" (Oseas 6, 6; Mateo 9, 10-13); y que dice que los ritos religiosos son innecesarios para **provocar su amor** sobre nosotros, ya que él nos ama antes de que los hagamos, por eso nos advierte que *"el verdadero culto es en espíritu y en verdad"* (Juan 4, 24), y este consiste en una manera virtuosa de vivir. Un estilo de vida con el que se confirma que se tiene o no una relación de intimidad con ese Dios que *"hace salir el sol sobre malos y buenos, y llover sobre justos e injustos"* (Mateo 5, 38-45).

Los ritos y los signos son necesarios para nosotros, no para Él. Por eso, por ejemplo, instituye los sacramentos. Necesitamos superar la mentalidad de un adoctrinamiento incorrecto e infantilizante, uno que "nos ha vestido con ropajes de hojas", es decir con ideas que son solo expresiones de nuestros miedos ancestrales y con las que nos disfrazamos de buenas personas.

Por ello hemos de conocer y entender lo que es la enseñanza esencial de nuestro Maestro y Salvador Jesucristo: formarnos y educar nuestra Fe. Y entender que, por Cristo, el Padre ya decidió que nuestro viaje en esta vida tuviera un final feliz.

La Iglesia ha acumulado mucha doctrina, hay millones de libros de Teología. Sin embargo, las Sagradas Escrituras ya contienen un resumen, hecho por Cristo mismo, que nos llevan a construir una vida buena e ir al Cielo.

SEGUNDA PARTE
EL ENCUENTRO PERSONAL CON JESUCRISTO EN CUATRO VIAS-ESTACIONES

INTRODUCCION: JESÚS HACE SU RESUMEN

De acuerdo con el relato bíblico que leemos en **Lucas 24,1-35,** hacemos notar lo obvio: el camino que recorren los dos hombres entre Jerusalén y Emaús es uno solo; pero este se desarrolla en 4 etapas o momentos. Las que están íntima e inseparablemente unidas, en una sincronía que nos conduce a un encuentro personal e íntimo con el Señor.

Las **verdades** y **promesas** que encontramos en ese texto pueden ser consideradas una síntesis de toda la vida cristiana. El entrenamiento que le estuvo dando a los 12 durante 3 años, es resumido con lo que hizo de manera práctica en poco más de **una hora** con los dos caminantes de Emaús. Ella es la lección para todos los que seríamos llamados a seguirlo posteriormente, hasta que vuelva.

Decimos que esos momentos y etapas del camino son **"vías"** y también **"estaciones"**, debido a que al mismo tiempo tienen la cualidad de ser **accesos prácticos** a Cristo (como un puente o una puerta), y también **puntos de llegada** y **de partida** en el desarrollo de nuestra vida como discípulos suyos, como lo serían las estaciones de un tren.

Esta reflexión no pretende agotar todo lo que se puede decir sobre la experiencia ocurrida en el camino hacia Emaús. Con seguridad debe haber otras, mucho más amplias y profundas. La intención es hacer notar que en el relato de Emaús encontramos una enseñanza muy precisa respecto a cómo se desarrolla por la oración, las Escrituras, los Sacramentos y el encuentro comunitario, el camino del discípulo junto a Jesús después de resucitado. Accesos a su misterio personal que son la base para construir la Iglesia como la quiso su Fundador.

El camino de Emaús es un camino de intenso dolor al comienzo. Los 2 discípulos vienen de una inmensa crisis y la transportan también dentro de sí. El Salvador ha desaparecido de su alcance ya que ha sido ejecutado en una cruz como un despreciable y peligroso criminal, y el proyecto en el que quisieron participar al parecer llegó a su final. Ellos caminan intentando digerir un caos, un desorden, o un orden que no entienden, que los desborda y oprime sus esperanzas y su ánimo. Será el mismo Cristo resucitado el que en cuatro momentos del camino los calmará, les hará entender lo que no podían y les restaurará la Fe y la Esperanza. Este proceso está diseñado para que se repita en todo evento desafiante de nuestra vida de Fe.

El Señor nos ha dejado la oración, las Escrituras, los Sacramentos y la vida comunitaria y de servicio para encontrarnos con él, personalmente. En intimidad.

Dios tuvo la iniciativa de revelarlo dejando su huella a través del Nuevo Testamento y de la vida y experiencia práctica de sus discípulos de todos los tiempos. Es Cristo mismo quien ha enseñado que los accesos a él tienen ese orden.

Los dos caminantes conversan y comparten sus sensaciones y pensamientos, teniendo en mente la memoria del Mesías. A partir de una auto observación al estar conectados con lo que hay en sus corazones y su amor por el Maestro, comparten esos sentimientos y preocupaciones. Ellos claramente van orando. La conversación espiritual tiene un resultado. El Cristo que vivía en ellos por la Fe, se les aparece y los acompaña. Se pone físicamente a su alcance sin que ellos al principio lo identifiquen.

Comienza a cumplir así su Promesa (**Mateo 28, 21**) de seguir estando todos los días con nosotros.

Desde el comienzo recibimos una enseñanza: la oración auténtica tiene resultados.

La oración de los dos discípulos caminantes es una

oración comunitaria. Y realizada en movimiento. En este momento, el Señor les explica las Escrituras. Luego celebra con ellos la Eucaristía. Lo reconocen y salen en medio de la noche, a compartir su experiencia con la Comunidad.

Todas las crisis de Fe, personales y comunitarias tienen que ver con la pérdida de intimidad con Jesucristo. La superación de las crisis, o su resultado positivo, empieza con la recuperación de esa intimidad por medio del diálogo en la Fe, unificándose con otros discípulos. Esta es la conquista de nuestra sanación y de la Esperanza.

Tus anotaciones:

LAS 4 VIAS-ESTACIONES DEL CAMINO DE EMAÚS

PRIMERA VIA-ESTACION: LA ORACIÓN

"Dos de ellos iban a una aldea llamada Emaús, que estaba como a once kilómetros de Jerusalén. Y conversaban entre sí acerca de todas estas cosas que habían acontecido."

(Lucas 24, 13).

1.1) Obtienes y te conviertes en lo que crees,

Aunque de las 4 vías-estaciones esta es la que más desarrollo obtuvo en esta reflexión, únicamente se quiere enfatizar algunos aspectos. Cuando escuchamos o leemos la palabra "oración", inmediatamente la asociamos con una acción que consiste en "comunicarse con lo espiritual", establecer contacto "con el mundo invisible y sobrenatural", "hablar con Dios o con los santos". Y otras por el estilo.

Nos sentimos atraídos por la posibilidad de comunicarnos con una realidad que está más allá de nuestra vida y que consideramos mejor que la que tenemos hoy, aquí.

También creemos que nuestra vida será mejor si contamos con la ayuda de lo "invisible"; o de "lo Santo", como dicen algunos estudiosos del fenómeno religioso.

Las acciones más eficaces, en todos los aspectos de la vida, ocurren cuando una persona se compromete con lo que son sus propias percepciones e interpretaciones de la realidad. Otra cosa es que con el tiempo deban ser corregidas y experimenten una evolución. Uno se convierte en aquello en lo que de verdad cree. La persona es lo que cree y lo que hace de acuerdo con eso.

Legítimamente alguno puede preguntarse por la experiencia religiosa de quienes tienen traumas, condiciones mentales y trastornos de personalidad. ¿Quién no tiene algún aspecto de la personalidad complicado? Por supuesto que estos rasgos y experiencias condicionan nuestra oración. Hay que decir que este diálogo con Dios es una comunicación que sobrepasa nuestro propio entendimiento. Dios sabe más de nosotros que nosotros mismos: *"Señor, tú me has examinado y sabes todo de mí."* (Salmo 136, 1). Por eso nadie debe juzgarse a sí mismo. La santidad es una vocación a la que también los neuróticos pueden responder. La historia de los santos y santas nos muestra muchos casos así. Otra cosa son las sicopatías que trastornan la moral y que hasta han llevado a cometer crímenes "en nombre de Dios", o que han producido manipulaciones masivas que han terminado en abusos institucionalizados y en la muerte dentro de sectas pseudo-espirituales.

Cada uno puede definir a su manera lo que es la oración. **Lo importante es que practique eso que cree que es y que entiende por "oración".** Cualquier avance y maduración ocurre desde las propias experiencias personales, y solo hay avances reales y, por lo tanto, mejoramientos, cuando ya han sido exhaustivamente practicadas. Te conviertes en aquello que crees y haces. Obtienes eso que tu corazón busca. Y es bueno que cada uno clarifique lo que hay en su corazón.

1.2) Saber qué nos pasa y la unión espiritual: dos aspectos de la oración

Dice el Señor: *"**Conviértete y cree en el Evangelio**"*

(Marcos 1, 15).

Es decir: "cambia tu manera de pensar y recíbeme en tu corazón, para así establecer lazos de afecto entre tú y yo."

Todas las definiciones respecto a la "oración", tienen un par de cosas en común.

Primero: **a)** la necesidad de comprender, estructurar, el significado de algo que nos ha ocurrido, para así entender qué hacer, y encaminarnos a comprender el propósito de nuestra vida. La modificación de cómo interpretamos (pensamos) las cosas y actuamos: esto constituye *"la conversión"*.

Segundo: **b)** la búsqueda de un encuentro e intimidad entre el Creador y la creatura. Es esto lo que el hijo prodigo quiere recuperar: la intimidad que tenía en la casa del padre. Esto corresponde a la parte de *"creer en el Evangelio"*: la creación de lazos afectivos con Jesús.

A veces no somos pacificados ni sanados ("unificados"), sino hasta que comprendemos el carácter, las partes y el significado de una situación en que estamos envueltos. Y entonces hacemos la interpretación de ello iluminados por la Fe. Suele suceder también que buscando lo segundo encontramos lo primero. En el coloquio espiritual recibimos gracias que iluminan.

Cuando Jesús les pregunta a los dos caminantes de Emaús *"¿Qué es lo que vienen discutiendo por el camino?"* y *"¿Qué es lo que ha pasado?"* (Lucas 24, 17.19), identificamos la presencia del primer rasgo común de la oración. El Maestro sabe que necesitamos verbalizar nuestras preocupaciones.

Esas dos preguntas hacen que los discípulos hagan un esfuerzo para estructurar, darle un sentido, un orden a sus sensaciones, pensamientos y emociones. Así se harán conscientes de sus necesidades y de las esperanzas de las cuales necesitan hablar con precisión y obtener la respuesta específica. Verbalizando su sufrimiento podrán prepararse para recibir la evangelización.

Usualmente somos imprecisos y confusos en nuestras oraciones. Necesitamos desarrollar la habilidad de ser específicos. A muchos que se le acercaron, Jesús les preguntó **"¿Qué quieres?", "¿Qué puedo hacer por ti?"** de esta manera también hoy nos ayuda a conectarnos con nuestro ser profundo y con nuestras intenciones.

Y Jesús responde con abundancia a ellas.

La comprensión de la experiencia concreta, junto a la intimidad espiritual con Él, tiene como resultado la aparición de una conciencia, con mayor o menor certeza de que **se está y se vive en Presencia de Dios.**

Sin embargo, para que la oración sea realmente eso, debe tener como interlocutor a Cristo, a Dios. Sino fuera así sería solo un monologo filosófico. Valioso, pero no necesariamente conducente a la intimidad con el Señor, ni a la infusión de Gracia.

Por otra parte, la oración cristiana no es una señal lanzada al espacio sin dirección precisa, como esperando que alguna inteligencia responda. Dejándonos con la sensación de que cayó en el vacío. Las Escrituras afirman que en la auténtica oración sucede lo contrario: ***"Todo lo que pidáis en oración, creyendo, lo recibiréis"*** (Mateo 21, 22). "Creyendo", implica "confiando", sabiendo que te diriges a Alguien no a algo. Y ése "alguien", es un Dios que es Trinidad, que se presenta a tu vida como **3 Amigos**. Como los que se presentaron ante Abraham (Génesis 18, 1-8). "**Orar creyendo**" significa orar buscando intimidad con Dios, porque la promesa divina es que cuando busquemos primero el Reino (Reino=Intimidad con Dios), conseguiremos lo demás por añadidura (Mateo 6, 33).

1.3) <u>Orar buscando intimidad</u>

"¿A dónde iremos? ¡Sólo tú tienes palabras de vida eterna!" (Juan 6, 8).

"Buscad primero su Reino y su justicia, y todas esas cosas se os darán por añadidura." (Mateo 6, 33).

El encuentro con Jesús por sí mismo produce un ordenamiento emocional, personal. Por eso las conversiones se expresan en cambios de vida y hasta de ocupación. Como le sucedió a Mateo y a Zaqueo (Lucas 1, 9-10), y a incontables otros. "Metanoia", palabra griega usada en el Nuevo Testamento, literalmente significa "**cambio de mente**". Y se traduce como "conversión", es decir el paso de una cosa a otra diferente. Este cambio incluye "arrepentimiento", pero no se reduce a considerar que se hizo algo mal. No se trata de sentirse mal por algo, sino de modificar profundamente **la manera de pensar**, llegando a adquirir una mente renovada. Tal como el agua en las bodas de Caná dejó de serlo para convertirse en vino.

Esa transmutación produce un cambio en la conducta. Es lo que indica Pablo cuando dice *"Y no se adapten a este mundo, sino transfórmense mediante la renovación de su mente, para que entiendan cuál es la voluntad de Dios: lo que es bueno, aceptable y perfecto."* (Romanos 12, 2; Cf. Efesios 4, 23-24).

La comprensión amplia de los hechos en que se está envuelto, gracias a la iniciativa divina, creará una estructuración interna (como diría la psicología, una "Gestalt") y, a su debido tiempo una visión y comprensión de **la vida como espacio sagrado**: un lugar donde lo humano y lo divino se encuentran, se comunican y desarrollan un diálogo. Surge así la posibilidad de profundizar en la **intimidad** con Dios. Cualquiera sea el lugar en que cada uno se encuentre.

La forma básica de conocimiento y formación de una amistad es la conversación y la compañía. Lo mismo ocurre entre nosotros y Dios cuando "oramos". Todos estamos llamados a tener un conocimiento íntimo, personal, "directo" de Dios. Y a dialogar con él. El Concilio Vaticano II, enseña que el valor del ser humano, su dignidad, tiene su base en que ha sido creado con la capacidad de conversar con Dios (*Gaudium et Spes N.16).*

1.4) Jesucristo, Sumo Pontífice del acceso a Dios. El Padre es el primer evangelizador.

"Por lo tanto, ya que tenemos un gran Sumo Sacerdote que entró en el cielo, Jesús el Hijo de Dios, aferrémonos a lo que creemos. Nuestro Sumo Sacerdote comprende nuestras debilidades, porque enfrentó todas y cada una de las pruebas que enfrentamos nosotros, sin embargo, él nunca pecó. Así que acerquémonos con toda confianza al trono de la gracia de nuestro Dios. Allí recibiremos su misericordia y encontraremos la gracia que nos ayudará cuando más la necesitemos." (Hebreos 4, 14-16). La ruptura no podía ser sanada por la criatura debido a la extensión y dimensión del daño. El misterio de la dualidad

sobrepasa nuestras capacidades. Solo un ser como Cristo puede hacerlo en nombre de nosotros. Solo porque Dios sale a nuestro encuentro podemos volver a "tocarlo".

Un sacerdote es aquél que hace ofrendas sagradas en favor de otros. Es como un puente entre lo divino y la comunidad en la que sirve. Un sacerdote es un "pontífice", y esta palabra viene de "pontos", que significa "puente". Él Señor Jesús es eso y une nuestras orillas. El sana y re-une nuestra dualidad.

Los cristianos sabemos que en la oración nos acercamos a Cristo como el puente entre nosotros y la divinidad. Incluso cuando dirigimos nuestra oración a su Madre o a los santos: *"Nadie va al Padre sino por mí"* (Juan 14,6). Esto es lo que en la santa Misa se manifiesta cuando se reza en la plegaria eucarística: *«Por Cristo, con Él y en Él, a ti, Dios Padre omnipotente, en la unidad del Espíritu Santo, todo honor y toda gloria por los siglos de los siglos»*.

También sabemos que el Padre nos atrae hacia Cristo: *"Nadie viene a mí si el Padre no lo atrae"* (Juan 6,44). Esto es un admirable y muy interesante misterio que debe meditarse. El Padre es el "primer evangelizador", el primero que nos lleva hacia el Hijo. El Padre es el que da el primer paso. Es de él quien parte la iniciativa para que conozcamos a su Hijo. Es él que nos presenta la Buena Noticia. Esa iniciativa del Padre que culmina en el encuentro con Cristo caracteriza toda nuestra vida espiritual. Dice la Escritura: *"No me eligieron ustedes a mí, yo los elegí a ustedes"* (Juan 15, 16-18).

Dice el Magisterio: *"La preparación del hombre para acoger la gracia es ya una obra de la gracia. Esta es necesaria para suscitar y sostener nuestra colaboración a la justificación mediante la fe y a la santificación mediante la caridad. Dios completa en nosotros lo que Él mismo comenzó, "porque él, por su acción, comienza haciendo que nosotros queramos; y termina cooperando con nuestra voluntad ya convertida" (San Agustín, De gratia et libero arbitrio, 17, 33)"* (CIC #2001).

1.5) ¿Cuándo oramos? El encuentro personal con Cristo empieza con el deseo de encontrarlo o con la tristeza de haberlo "perdido".

El relato de los discípulos de Emaús, nos indica que el re-encuentro con la divinidad, ocurre durante una actividad de oración. Individual y comunitaria. Si hacemos bien este camino, todo lo demás será "bien hecho" también.

María Magdalena, en el sepulcro vacío, sufre y llora la ausencia de su amado Señor. Esa es su oración. Ni siquiera tiene el cuerpo muerto de Jesús para sentirlo cerca. Es durante este llanto que Jesús se le aparece. En un primer momento irreconocible, tal como a los del camino de Emaús.

Luego, como regalo, Jesús abre los oídos de la discípula y amiga. Como luego lo hará con otros. Al escuchar identifica la voz del Amigo y Dios perdido. Frecuentemente al **Resucitado primero se lo escucha y después se lo ve.**

"Orar" (conversar) es la **forma básica** para comunicarnos y estar con Dios y que Él esté con nosotros. Jesús primero quiere que "estemos". Fue la primera razón de que el Mesías llamara a los 12: *"para que estuvieran con él"* (Marcos 3, 14).

Para producir nuestra oración es suficiente nuestra decisión y disposición interna, y conectar con la conciencia de nuestras necesidades y esperanzas. Ayuda responder preguntas como estas: "¿De a 1 a 5, cuán cerca siento al Señor?" "¿Por qué siento así y no de otra manera?

Para "orar de verdad" (conversar con Dios y no solo hacerlo con nosotros en un soliloquio) necesitamos hacer silencio sumergiéndonos en nuestros sentidos internos.

Estando alertas para escuchar las preguntas y las verdades que Jesús quiere darnos a entender. Los discípulos de Emaús no interrumpen al acompañante cuando este les habla. Dialogan con él y **lo escuchan** concentrados.

Alguien podría decir "No me dan ganas de orar, por lo tanto, Dios no me ha hablado ni llamado. Dios no existe, al menos para mí". Frente a esto nuevamente la pregunta de Jesús "¿Qué buscas?", es la que debe guiarnos a la comprensión de la respuesta. Esa pregunta solo puede ser contestada, cuando viajamos hacia nuestro mundo interno, a nuestro "corazón". Cuando nos auto-observamos.

La experiencia de los hombres y mujeres de oración nos enseña que hay niveles menos y más profundos/altos en ella. En gran medida esa profundidad/altura está dada por el desarrollo de una habilidad de "entrar en nosotros mismos" y observar nuestros sentimientos. Y una vez ahí conversar con nuestro Amigo, presentándoselos. También ayudará nuestra docilidad (disposición) para dejarnos llevar hacia dónde el Espíritu de Dios nos lleve.

Ello puede graficarse como una escalera en la que al final de ella está nuestro padre o madre. En cualquiera de los escalones podemos hablarle y escucharle. Pero lo que buscamos es estar tan cerca que podamos abrazarnos con él o ella.

Dios ya les ha hablado a todos al crear nuestra alma: ahí reposan nuestros más genuinos anhelos. Ahí se siente la voz espiritual de Dios.

Para orar debemos practicar eso. No se puede esperar que a un ser espiritual lo escuchemos con nuestros oídos físicos. La oración es una comunicación sutil de nuestro espíritu.

La carnalidad, la superficialidad, el hedonismo no permiten escuchar a Dios. Por eso es tan útil el dolor y el fracaso. Estos nos hacen sumergirnos en dos preguntas que nos preparan para escuchar a Dios: **¿Por qué?** Y **¿Para qué?** Y convencernos sobre todo de que Él nunca nos abandona, si no queremos que esto ocurra.

1.6) <u>Desarrollar una sana inconsciencia espiritual</u>

"El Reino de Dios se parece a lo que sucede cuando un hombre siembra la semilla en la tierra: que pasan las noches y los días, y sin que él sepa cómo, la semilla germina y crece; y la tierra, por sí sola, va produciendo el fruto: primero los tallos, luego las espigas y después los granos en las espigas." (Marcos 4, 26-34).
"Si el Señor no edificare la casa, en vano trabajan los que la edifican" (Salmo 127,1)

La expresión "inconsciencia espiritual" se la escuché a un amigo escritor. Junto con hacerme mucho sentido y gracia, me pareció muy certera. En el ámbito de los grupos de desarrollo personal se habla mucho de "tomar o despertar la conciencia". Y esto es verdad, necesitamos hacerlo. Pero "mucha conciencia" propia puede llegar a formar la idea de que uno mismo es el centro.

El camino cristiano también implica "despertarse", las Escrituras lo dicen muchas veces por ejemplo en Efesios 5, 14: *"Despiértate, tú que duermes, y levántate de los muertos, y te alumbrará Cristo."* Y es la exigencia a Elías por parte de Dios para que se despierte y camine **(1 Reyes 19, 4-8)**

El fin de ello es abandonarse despiertos en Dios. Y esto de alguna manera consiste en hacerse **inconsciente de sí mismo** y así dejar que Dios haga su trabajo: que Dios sea Dios. Dios siempre camina en el hijo/a que lo ama y que tiene la virtud infusa de la Fe.

La oración sin dudas tiene un **aspecto inconsciente**, ("sin que él sepa cómo"), el cual es tan real como el aspecto consciente: *"Y de la misma manera, también el Espíritu nos ayuda en nuestra debilidad; porque no sabemos orar como debiéramos, pero el Espíritu mismo intercede por nosotros con gemidos indecibles"* (Romanos 8, 26)

Esa convicción confirma que: para encontrarnos en un diálogo personal con Dios, también es suficiente guardar silencio y meditar sobre lo que el Espíritu Santo le está diciendo al Padre en favor de nosotros. Este pensamiento ayudará a que nuestra mente vaya eliminando pensamientos de separación entre nosotros y el Hijo.

En este silencio el Espíritu nos da a entender las palabras con que el Padre responde. Entonces comprendemos que la oración se trata **más de escuchar** que de hablar. Que se trata más de él que de nosotros. Si bien hay una etapa en que nos podemos auto-observar, el verdadero diálogo espiritual ocurre cuando nos olvidamos de nosotros para observar y escuchar al "Otro".

1.7) La oración va con nosotros sin ocupar lugar, sin que sintamos su peso.

"Estad siempre gozosos, orad sin cesar, dad gracias en todo, porque esta es la voluntad de Dios para vosotros en Cristo Jesús" (1Tesalonicenses 5:17).

Esta herramienta está llamada a convertirse en una actividad tan constante y espontánea como la respiración. Por eso se dice que los místicos y los santos hasta dormidos están orando.

No siempre podemos llevar en las manos la Biblia, ni estar las 24 horas en Misa, o congregados con otros hermanos en la Fe. La oración, en cambio, se convierte en un "estado de vida", una forma espontánea de estar en conversación con Dios, en todo tiempo y lugar.

La oración es **la herramienta que asegura que las otras tres vías NO se conviertan en simple erudición intelectual, o en simples rutinas religiosas, en costumbres monótonas y desechables, o solo en tradiciones culturales, estéticamente bonitas y fuertemente emocionales, pero sin poder transformador.**

La oración es el suelo en que todo lo demás germina. Dependiendo de cómo se practique y cuán activa sea, cuán enriquecida está por la frecuencia y, a veces, por la intensidad de las visitas divinas, las otras 3 vías de encuentro con Cristo manifestarán su fertilidad en la vida del sujeto. El grado, la profundidad del *entendimiento de las Escrituras*, el aprovechamiento de las *gracias sacramentales* y del descubrimiento de la *Presencia de Dios en la comunidad (y en toda la Vida)*, depende de la calidad de ese "suelo" (la oración) en el que se plantan las otras 3 vías-estaciones.

La oración es el primer conducto que usa Cristo **para hacernos llegar su Gracia santificante. Es decir, es el medio básico por el cual la Presencia divina perfecciona nuestra imagen y semejanza con Él y nos provee de todo lo que necesitamos para crecer** – como Cristo – "*En sabiduría, estatura, gracia ante Dios y los hombres*" (Lucas 2, 52).

De esa manera nos iremos convirtiendo en "*Hostias vivas*" (Romanos 12, 1).

1.8) Practicar deliberadamente momentos de encuentro con Dios.

Debemos darnos tiempo para conectarnos con nuestro interior y conversar con Dios. El relato dice que había "**11 kilómetros**" entre Jerusalén y Emaús. A un paso normal unos hombres podrían demorarse más o menos unos 11 minutos por kilómetro. Ellos deben haber ido caminando rápido porque "la noche caía". No sabemos en qué punto de ese camino se les aparece el Señor. Pero podemos imaginar, que estuvieron con él un poco más de una hora. Quienes ya tienen madurez espiritual saben que en minutos el alma conversa con Dios lo que parecen horas.

San Ignacio de Loyola una vez dijo que necesitaba solo 15 minutos para entrar en una oración profunda y aceptar en paz una situación muy dolorosa que tuvo. En cambio, la mente de personas comunes y corrientes como podemos serlo nosotros, puede requerir más tiempo, tal vez como una hora, para lograr sintonizarse a un nivel profundo con la Presencia de Dios. Hay un episodio con este tema que los evangelios relatan: Jesús *"volvió a donde estaban sus discípulos y los encontró dormidos. «¿No pudisteis permanecer despiertos conmigo ni una hora?"* (Mateo 26, 39). No es raro que ni un día entero sea suficiente para lograr paz. A veces necesitamos años.

Esto lo decimos sabiendo que: *"para el Señor un día es como mil años, y mil años como un día"* (2 Pedro 3,8). Es decir que hay que darse tiempo, prepararse para los encuentros profundos.

Podemos preguntarnos además **¿Por qué orar en tiempos determinados?** ¿No basta con leer la Biblia, ir a Misa, confesarse y participar en un ministerio o parroquia junto a otros hermanos? ¿Con hacer obras sociales? Sin duda estas son formas de oración y nos entregan temas que acompañarán nuestra conversación espiritual *"en nuestro cuarto"* (Mateo 6,6).

Cada persona puede hacer una lista de razones contundentes de por qué es bueno y necesario llevar adelante la práctica de un diálogo sobre temas específicos con Dios. Sin embargo, debemos entender que la principal respuesta es esta: **Necesitamos detener nuestras actividades y orar durante determinado tiempo porque Cristo lo necesitó hacer.**

La oración era su "estado de vida". Toda su existencia era manifestación de la Presencia divina. Cuando dormía, se levantaba, comía, caminaba, se relacionaba con la gente lo hacía siempre abrazado a Dios, y Dios abrazado a él. Por ejemplo, cuando reconoce que a Pedro el Padre le había dado una revelación sobre quién era el Mesías (Mateo 16, 17). Estando rodeado permanentemente por el abrazo divino, el Hijo del hombre era capaz de percibir la presencia del Espíritu o su ausencia en las acciones humanas de su prójimo. Pero necesitaba estos momentos de intimidad con el Padre para mantenerse equilibrado en un Mundo que había ayudado a crear pero que no era su "espacio propio".

Jesucristo es Dios ¿Entonces hablaba consigo mismo? Sí, también lo hizo. Él reflexionaba, buscando la comunicación con su Padre. El que a veces le sorprendía con sus respuestas. Por ejemplo, cuando le hace entender a través de una mujer -algo inaudito para un rabí en esos tiempos- que la compasión se aplicaba no exclusivamente a los miembros del Pueblo de Israel (Mateo 15,27-28).

Jesús estaba siempre en Presencia del Padre, en una relación intencional y en una compañía sensible: *"Yo y mi Padre somos uno"* (Juan 10,30) dijo él. Nuestra propia oración es la búsqueda del Padre de Jesucristo, y Padre nuestro.

Pero Jesús estaba afectado por el espacio y el tiempo, estaba dentro del Mundo. El Padre estaba fuera de esas variables. Por eso, Jesús necesitaba momentos de especial atención para conversar con Él. Su alma humana y sus facultades (memoria, voluntad y afectos) necesitaban nutrirse, sumergiéndose deliberadamente en esa Presencia.

La "vida en Dios", la "vida de la Gracia", la "vida de Fe", la "vida en la Presencia de Dios", "la oración como estado de vida" y muchas otras, son expresiones para definir una misma cosa: el encuentro entre el Dios de Jesús con los seres humanos, con nosotros. Encuentro que es **íntimo** porque ocurre **en** nosotros, como explicamos antes.

Si la oración tiene como intención experimentar esta intimidad con Dios, su práctica debe ser premeditada. Pero también esto ocurre a veces sin buscarlo conscientemente (como un anhelo inconsciente, producto de nuestra "nostalgia espiritual"), a veces solo por el estímulo de una situación o escena que hace que nuestra atención se conecte con la Presencia divina. Otras veces buscando espontáneamente una respuesta a lo que hemos visto o escuchado.

Recordemos que la Presencia divina siempre nos está buscando y nos lleva al encuentro con ella. Muchas veces nuestra alma está unida a Dios sin que nuestra mente lo perciba. Ella necesita ser purificada de sus fijaciones egocéntricas, antes de que Dios nos conceda una percepción más clara.

Nosotros *"Solo vemos humo* (percepción de nuestro contacto con Dios), *mientras Jesús ve nuestro fuego* (la verdadera calidad de nuestro amor que él mismo se ha encargado de purificar sin que nos demos cuenta)" decía santa Teresita del niño Jesús en su carta #81 a Celina, el 23 de enero de 1889.

Toda ocasión que nos lleve a establecer la conexión entre nuestras circunstancias y la Presencia divina podemos llamarla "oración". Pero, insistamos, debemos darnos tiempo para orar tengamos o no esos estímulos.

Puede decirse que la oración es caminar a lo largo de la vida en la compañía de Dios. Y en esta caminata hay momentos de especial encuentro y conversación, de intimidad.

Por otra parte, si Dios es la Bondad, la Verdad, la Belleza, fuente de todas las demás bondades, verdades y bellezas particulares, cuando hacemos algo que refleje alguno de esos rasgos del ser divino, estamos haciendo "oración". Haciendo una acción buena, enseñando algo verdadero, manifestando algo bonito a través de algún arte, actitud o acción moral.

Por eso la definición de oración es muy amplia. No hay una sola. Hay que comprometerse a recorrer el camino propio y original hacia Dios.

"Si pudiéramos escuchar a Dios, si supiéramos contemplar la vida, toda la vida sería una oración" decía M. Quoist. Esto es un anhelo. No, todavía, una realidad. Sin embargo, hay que decir que esas convicciones se forman en nuestra conciencia-inconsciencia, porque fueron plantadas en nosotros el día del Bautismo, sin que estuviéramos conscientes. Bendita inconsciencia espiritual.

1.9) No más teorías. Ya estamos orando. Necesitamos cumplir con la "ley del crecimiento".

Decíamos anteriormente que debemos practicar lo que creemos respecto a estilos y formas, hasta que otra cosa nos sirva más. Dios nos convertirá en santos o santas a través de ello: nos inundará con su Presencia. Tú ya sabes lo que es orar. Todas las otras lecturas y testimonios son solo para enriquecer lo que ya haces. Y si no estás orando, ellas son un incentivo para que lo hagas. Solo así descubrirás la práctica, los ejercicios que más te ayudan a avanzar.

Todas las teorías sobre casi todo ya están escritas. Si quieres saber más, se te exigirá más. En realidad, tú mismo te estarás sometiendo a esa tarea. No queremos escribir más teorías. Queremos ayudar a dar los pasos prácticos para conocer a Dios "personalmente", convirtiéndonos en discípulos de Cristo, o mejorando nuestro discipulado.

Queremos conocer y hablar directamente con Dios. Ahora, aquí mismo. Y nada te lo impide.

Pero este es un camino que cada uno debe y recorrer; una senda que nadie puede caminar por mí. Tampoco un camino en el que debo perder el tiempo extasiándome en el recorrido realizado por otros buscadores de Dios, a no ser que sea para adquirir nuevos ánimos para avanzar en el propio.

Estas palabras son para darte ánimo. Ya estás en su Presencia: *"Porque en Dios vivimos, nos movemos y existimos; como también algunos de los poetas de ustedes dijeron: "Somos descendientes de Dios." Siendo, pues, descendientes de Dios, no debemos pensar que Dios sea como las imágenes de oro, plata o piedra que los hombres hacen según su propia imaginación. Dios pasó por alto en otros tiempos la ignorancia de la gente, pero ahora ordena a todos, en todas partes, que se vuelvan a él."* (Hechos 17:28-30). Esto es una de las cosas que queremos decir cuando decimos que la oración es un "estado de vida".

Y también rezar y cantar: *"¿A dónde me iré de tu Espíritu? ¿Y a dónde huiré de tu presencia? Si subiere a los cielos, allí estás tú; Y si en el Seol hiciere mi estrado, he aquí, allí tú estás. Si tomare las alas del alba y habitare en el extremo del mar, aun allí me guiará tu mano, y me asirá tu diestra. Si dijere: Ciertamente las tinieblas me encubrirán; Aun la noche resplandecerá alrededor de mí."* (Salmo 139)

Cristo se lo asegura a Felipe (Juan 14,9). La compañía del Padre está al alcance a través del Hijo encarnado. Solo necesitamos darnos cuenta, despertarnos a este hecho. Y esto lo hacemos .... orando.

Y haciendo nuestro propio aprendizaje, desarrollando nuestro propio "paladar" y destreza en el empleo de estilos y recursos para buscar la intimidad con Dios.

San Juan Bautista De la Salle tenía la costumbre de

hacer un ejercicio espiritual, simplemente decía: *"**Recordemos que estamos en la Santa Presencia de Dios**"* y quienes estuvieran ahí respondían *"**Adorémosle**"*.

1.9.1) El comienzo de la oración. El antes y el después

Recordemos, la oración consiste en una acción que tiene su origen en la **promesa** de que podemos encontrarnos con Dios, esto acontece en el momento en que tomamos la decisión de creer y escuchar a Dios y hablar con él, lo que, a su vez, nos lleva a una **percepción de su Presencia** a lo largo de nuestra vida, en situaciones concretas y en ese mismo **momento en que estamos haciendo el acto de fe y pensando en Él.** Porque es Él quien ha puesto esa inquietud en nosotros. Es SU Voz llamándonos, tan naturalmente que llegamos a creer que somos nosotros a quienes se les ha ocurrido, y que somos nosotros los que lo buscamos a él. Si bien "toda la vida" y todo nuestro camino puede interpretarse como un solo acto de oración, hay un momento que marca un antes y un después: **el momento en que entramos en diálogo consciente e intencional con Jesucristo. Cuando hacemos una alianza con Él.**

La pregunta de Jesús *"¿Qué buscas?"*, es de máxima importancia. Desde el primer momento Jesús nos está respondiendo y toma en serio nuestra búsqueda. Es él mismo quien nos atrae hacia él. Para llevarnos a la mayor intimidad y fusión a que estemos dispuestos.

"A que estemos dispuestos", se refiere a la importancia que le hemos dado -dentro del conjunto de otros deseos, gustos, necesidades y experiencias- a nuestra decisión de encontrarlo, conocerlo y amarlo. Se refiere a los límites que queremos sobrepasar, a las alturas y profundidades a las que queremos llegar.

Al momento de hacerse discípulos del Bautista,

Andrés y Juan ya habían iniciado su "camino de oración". El Redentor les hace iniciar un camino más profundo al hacerles conscientes de los deseos y esperanzas que han impulsado sus pasos hasta Él. La invitación es dejar atrás a nuestros "bautistas" y salir a la búsqueda de Cristo. O, como el mismo Maestro dice, *"ir mar adentro"* (Lucas 5,4).

"¿Qué buscas?" es una pregunta que los hace conectarse con el conocimiento de las promesas que los dos ya tenían, y con la fe depositada en ellas. La "nostalgia de Dios" acaba de comenzar a ser superada. *"¡Hemos encontrado al Mesías"!* (Juan 1, 35).

Más tarde Jesús llamó a Bartolomé y le dijo que lo había visto bajo una higuera. Lo que quiere decir es que lo había visualizado antes y percibido que su corazón se alimentaba en la promesa de la venida del Mesías. El Padre había preparado a este hombre para formar parte de los Doce ¿Por qué creemos que era eso lo que estaba en el corazón de Bartolomé?

El fundamento para afirmarlo es el reconocimiento público que Jesús le hace declarando a viva voz que ese hombre era un *"verdadero israelita"* (Juan 1, 47). Un "verdadero israelita" era aquél que tenía toda su vida inspirada y gobernada por las promesas bíblicas. Esto suponía conocer las Escrituras. Pablo después ahonda sobre esto cuando dice: *"pues no se es un verdadero judío solo por haber nacido de padres judíos ni por haber pasado por la ceremonia de la circuncisión. No, un verdadero judío es aquel que tiene el corazón recto a los ojos de Dios. La verdadera circuncisión no consiste meramente en obedecer la letra de la ley, sino que es un cambio en el corazón, producido por el Espíritu. Y una persona con un corazón transformado busca la aprobación de Dios, no la de la gente"* (Romanos 2, 28-29).

El hecho es que todos estamos ya en su Presencia, incluso los ateos y los que nunca hayan recibido una educación religiosa. Pero no todos están conscientes de ello y menos en intimidad con él. Sino las vidas de muchos de ellos tendrían otro orden. Esta verdad también es explicada con sencillez y hondura por el Papa Francisco en su exhortación "Gaudete y Exsultate". Recomiendo su lectura.

Por otra parte, **cuando decimos que orar es ponerse en Presencia de Dios, lo que queremos decir es que buscamos intencionadamente ponernos en una relación directa, consciente, deliberada con ella: "elevar nuestra mente a Dios" en momentos, lugares y por espacios de tiempo más o menos definidos.**

1.9.2) Simple pero no fácil, al comienzo.

"Simple" no significa "fácil". Necesitamos aprender a recorrer esta vía, detenernos en esta estación un tiempo largo. Acostumbrarnos a ser conscientes de que estamos en esa Presencia. A dirigir nuestros sentidos interiores hacia su cercanía. Para eso nos sanó de nuestra ceguera, cojera, lepra, sordera y pobreza.

Solo las funciones de alimentación, respiración y excreción son espontáneas. Pero las funciones básicas de comunicación y de traslado, necesitamos aprenderlas.

Las personas necesitamos aprender a hablar y a caminar. Y lo hacemos de a poco, con dificultades. Pero luego se transforman en acciones inmediatas, desde el momento en que fijo la meta, el lugar a dónde quiero llegar me dirijo hacia allá sin repetirme "estoy caminando, estoy caminando". Es la meta la que absorbe mi atención. Y disfrutemos o no el viaje, nos dirigimos hacia la meta definida.

Hay **etapas en la oración**. Al principio son solo llantos y balbuceos, los que ni siquiera nosotros mismos entendemos su significado. Por eso Pablo aclara (Romanos 8,26), que el Espíritu viene en nuestra ayuda. Jesús habló de *"semilla sembrada, semilla germinada, tallo, semilla en el tallo, semilla madura, lista para cosechar"* (Mc 4, 26-34) como etapas en el crecimiento como discípulos y personas espirituales.

Para empezar, necesitamos instrucciones sencillas, confirmaciones, reafirmaciones, aliento.

1.9.3) <u>La ley del crecimiento</u>

"Cuando yo era niño, hablaba como niño, razonaba como niño; pero cuando llegué a ser hombre, dejé las cosas de niño" (1Cor 13,11).

Podríamos decir que el llanto ya es una forma de comunicación del bebé. Eso es cierto. Gracias a la capacidad de interpretación de los padres, el bebé recibe la atención a lo que inconscientemente y ruidosamente pide. Dios hace lo mismo con nosotros. Él no necesita que le digamos, Él sabe lo que necesitamos porque lee nuestro silencio o nuestro llanto. Y nos da la atención a lo que necesitamos antes de que lleguemos a tener la necesidad de pedirlo. Jesús nos aseguró que esto es así.

Sin embargo, Dios quiere algo más que la comunicación básica de un bebé, *"cuando yo era niño, hablaba como niño, razonaba como niño; pero cuando llegué a ser hombre, dejé las cosas de niño"* (1Cor 13,11). El proyecto de Dios, como la de cualquier papá o mamá respecto a sus hijos e hijas, es que estos se desarrollen, crezcan y maduren. Esta **"ley de crecimiento"** el mismo Cristo la cumplió (Lucas 2,52).

No podemos conformarnos solo con llorar, balbucear y arrastrarnos. Dios nos creó con la capacidad de cantarle y de correr. Solo habremos llegado a la plenitud de nuestro crecimiento cuando podamos hacer eso. Cada cual, a su modo, a su propia velocidad y de acuerdo con su capacidad de resistencia en el esfuerzo. Pero esto no es una competencia. Sino que es la aventura para la que fuimos creados. Es una caminata o viaje personal. Cada uno decide las distancias que quiere recorrer y los destinos que quiere alcanzar. Caminando, a veces corriendo, alguna vez "volando", y también arrastrándonos.

El Evangelio de Cristo nos invita y desafía a hacernos simples y crédulos como niños, a aprender y a mantener la confianza. Pero mantener la inocencia no es lo mismo que ser "infantil", o no estar conscientes de la posibilidad que el ser humano pueda elegir hacer el mal. Esto último es ser "inmaduro". El proyecto de Dios es que nos convirtamos en adultos, que adquiramos madurez. En la bondad. En SU proyecto.

1.10) La transfiguración. La visión de Dios.

"Veía yo al Señor siempre delante de mí, porque él está a mi derecha para que no caiga. Por eso mi corazón se alegra, y canta con gozo mi lengua; mi cuerpo también vivirá en esperanza. No dejarás que mi vida termine en el sepulcro; no permitirás que tu santo sufra corrupción. Me has dado a conocer los caminos de la vida; me llenarás de alegría en tu presencia" (Salmo 16*).* *"A Dios nadie le vio jamás; el unigénito Hijo, que está en el seno del Padre, él le ha dado a conocer."* (Juan 1, 18).

Luego de preguntarles qué buscaban, Cristo les dice a Andrés y a Juan *"Vengan y vean"*, es decir "sigan mi camino junto a mí, y verán al Padre", "estén conmigo, repitan lo que yo hago y tendrán el encuentro con Dios que sus almas anhelan". Luego será Felipe el que le dirá lo mismo a Bartolomé (Juan 1, 43-51), y le dirá **"Ven y verás"**, pero para llevarlo a Cristo.

"Ver a Dios" es un deseo tan superior que escapa a nuestra capacidad de producirlo. Esto nos lleva a concluir que, si tenemos este deseo, es que Dios lo ha puesto en nosotros y, entonces, es una prueba de su visita: *"porque Dios es quien obra en vosotros tanto el querer como el hacer, para su beneplácito"* (Filipenses 2,13).

Así va poco a poco descubriendo su Rostro, su Presencia, a quienes lo buscan con corazón decidido, perseverante, concentrado, apasionado, limpio. Poco a poco, de acuerdo con el desarrollo de la madurez obtenida: *"Amados, ahora somos hijos de Dios, y aún no se ha manifestado lo que hemos de ser; pero sabemos que cuando él se manifieste, seremos semejantes a él, porque le <u>veremos</u> tal como él es."* (1 Juan 3, 2.).

A menudo escuchamos que alguien exige "sentir a Dios". Que no le basta saber cosas sobre él. En ocasiones las personas viven experiencias de crecimiento llamadas "crisis de Fe". En estas experiencias y procesos a menudo escuchamos las quejas de que "ya no siento a Dios", "Dios se ha ido de mi casa", y otras parecidas.

Querer tener la "visión de Dios", es una expectativa o una ambición espiritual buena. Es desear vivir lo que los místicos viven: *"Vivo sin vivir en mí y tal vida espero, que muero porque no muero"*, expresó santa Teresa de Jesús. Era eso lo que pedía Moisés (Éxodo 33, 13 y 18), quien no se conformaba con lo que ya había visto. Y esto es lo que quiere darnos el Señor. El apóstol Felipe explícitamente lo dijo por nosotros: *"¡Muéstranos al Padre"!* (Juan 14:8-10). Jesús lo promete: *"Los limpios de corazón verán a Dios"* (Mateo 5,8).

El estilo que Dios elige para visitarnos es preferentemente el camino de lo común y corriente, de lo sencillo. Jesús enseñó esto en su negativa de hacer las cosas impactantes que le pedía su enemigo en las tentaciones de su desierto (Lucas 4, 1-13), y también cuando advierte la sencillez de la manifestación del Reino.

Siglos antes, el profeta Elías tuvo que cambiar su manera fantástica de pensar respecto a cómo Dios se presenta en nuestra vida (1 Reyes 19, vv 9. 11-16).

En el relato de la Transfiguración (Lucas 9, 28-36; Mateo 17, 1-8; Marcos 9, 2-8), vemos una escena impactante. Casi como uno se imagina que han sido las apariciones marianas para los videntes. Cristo durante esa experiencia se muestra como el unificador de dos dualidades positivas de la religiosidad israelita: el profetismo y el liderazgo legislador.

Si para cualquiera fueran comunes estas visiones ¿Habría más creyentes? ¿Más gente consecuente con lo que ha visto? No necesariamente. Habiéndolas tenido Pedro, no fue suficiente para ayudarle a resistir y sobreponerse al miedo. Ni para Judas, teniendo conciencia de que Jesús era el Mesías, evitar traicionarlo o después, al menos, haber implorado con sinceridad su perdón. Ni para Pilatos la advertencia de su mujer, para impedir que este evitara la manipulación del sanedrín y del pueblo y condenara a muerte a un hombre inocente.

Esa es una de las razones por las que se considera a la expectativa de este tipo de regalos divinos (no el hecho que ocurran), como una señal de una espiritualidad inmadura. Jesús lo advierte en la parábola del pobre Lázaro (Lucas 16, 22-31): *"Si no oyen a Moisés y a los profetas, tampoco se convencerán, aunque un muerto resucite"*.

Ese argumento nos obliga a insistir en **qué entendemos por "Visión de Dios"**.

Lo que **sí** entendemos por "Visión de Dios": estas es el inicio y desarrollo hasta su madurez, de una **INTIMIDAD** con él (tal como ya lo dijimos en la Segunda parte, y un poco más arriba). En esta experiencia lo característico es la convicción de ser "amigos" con Cristo y que se es amado "personalmente" por el Padre. Confiar que somos escuchados con facilidad y lo escuchamos a El de la misma manera, por el Espíritu Santo. Que somos acompañados en cada momento por su amor: que reposamos en Él. Es en esto lo que hemos de pedirle a Dios que nos haga madurar.

Señal de que eso se ha cumplido será que podremos aplicar a nosotros, sin o con muy poca timidez, la afirmación dicha sobre Jesucristo: *"Tú eres mi hijo amado, en ti me complazco"* (Lucas 3,22). Esta misma afirmación que hace el Padre, la repite en el momento de la Transfiguración (Lucas 9,35). Pero agrega una orden: *"escúchenlo"*. Como decíamos al principio, la oración se trata de escuchar más que de hablar.

Dios le da misericordiosamente a cada uno lo necesario para avanzar en esa intimidad.

Cuando Pablo afirma que nuestro caminar es "en fe no en visión" (2 Corintios 5, 7), no dice que no debemos buscarla, él mismo la tuvo, sino que todo lo que experimentemos como "intimidad sagrada" en esta vida solo tendrá su plenitud y confirmación algún día en el Cielo, cuando ocurra lo que el Magisterio llama la "Visión beatífica" (CIC #1028), y que, mientras tanto, a menudo veremos solo "noche".

1.11) <u>No soltar la mano de Dios</u>

Es Jesús quien toma primero la palabra. Podemos hacerle preguntas, pero es él el que primero habla y sino no lo ha hecho directamente a nosotros, lo ha hecho con lo que se dice de él, sobre sus obras y palabras, por la predicación de la Iglesia. Por eso los dos primeros discípulos son recibidos por el Maestro con una pregunta: *"¿Qué buscan?"*. Entonces ellos hacen saber su necesidad y le responden: *"¿Dónde vives?"* (Juan 1,35-42).

Queremos conocer a Dios, verlo "cara a cara" y

fundirnos en él. Para esto necesitamos saber el camino, hacia dónde caminar y cómo caminar para encontrarlo. Para hablar con Dios, necesitamos saber dónde encontrarlo. Necesitamos saber "dónde vive". Así como saber que solo experimentando grandes purificaciones Dios nos hará capaces de percibir sensiblemente su cercanía. Mientras tanto tenemos el don de la Fe bautismal que nos ayuda a creer y a confiar.

Cada uno tiene un ritmo y un tono de voz propios. Nuestra "ambición espiritual" aquí debe ser lo que dice san Pablo para quienes buscan tener una experiencia de Dios: *"que puedan vivir constantemente y sin distracciones en presencia del Señor"* (*1 Corintios 7, 35*).

En el aprendizaje de **poner nuestra mente y toda nuestra vida en presencia de Dios**, y hacerlo consciente o deliberadamente, él nos hace pasar sucesiva y continuamente por tres etapas, las que la Iglesia llama "etapa purgativa", "etapa iluminativa" y "etapa unitiva".

El Papa Francisco al respecto dice: *"San Juan de la Cruz recomendaba «procurar andar siempre en la presencia de Dios, sea real, imaginaria o unitiva, de acuerdo con lo que le permitan las obras que esté haciendo». En el fondo, es el deseo de Dios que no puede dejar de manifestarse de alguna manera en medio de nuestra vida cotidiana: «Procure ser continuo en la oración, y en medio de los ejercicios corporales no la deje. Sea que coma, beba, hable con otros, o haga cualquier cosa, siempre ande deseando a Dios y apegando a él su corazón»* (Exhortación "Gaudete et Exsultate" #148).

En el camino para llegar a estar en esa Presencia, cada uno tiene un ritmo propio para hablar y un tono personal para hacerlo. La conversación con Dios, la búsqueda, su rastreo y encuentro con su Persona (de hecho, sus tres Personas) tiene un diseño personal diferente para cada uno. La experiencia de cada uno será diferente, ni mejor ni peor, solo diferente a la de otros. En la exhortación "Gaudete et Exsultate" las palabras del Papa Francisco son sencillamente contundentes al explicar que la "santidad" es algo más común y accesible de lo que se ha pensado: *"Hay testimonios que son útiles para estimularnos y motivarnos, pero no para que tratemos de copiarlos, porque eso hasta podría alejarnos del camino único y diferente que el Señor tiene para nosotros. Lo que interesa es que cada creyente discierna su propio camino y saque a la luz lo mejor de sí, aquello tan personal que Dios ha puesto en él (cf. 1 Co 12, 7), y no que se desgaste intentando imitar algo que no ha sido pensado para él. Todos estamos llamados a ser testigos, pero «existen muchas formas existenciales de testimonio». De hecho, cuando el gran místico san Juan de la Cruz escribía su Cántico Espiritual, prefería evitar reglas fijas para todos y explicaba que sus versos estaban escritos para que cada uno los aproveche «según su modo». Porque la vida divina se comunica «a unos en una manera y a otros en otra»".* (Gaudete et Exsultate #11).

El camino espiritual siempre es original para cada uno. Tiene elementos comunes, pero es diferente. Las sensaciones de vacío son menores cuando estamos seguros de que hemos estado haciendo nuestras propias batallas, no las de otros. Ahí es cuando cobra sentido esa canción que dice *"Soy yo quien contigo quiere hablar. No es mi padre, ni mi madre, ni mi hermano quien contigo quiere hablar".*

Poner nuestra mente y toda nuestra vida en presencia de Dios, no es una tarea que podamos hacer con nuestros esfuerzos ¿Cómo podemos acercarnos a lo que por definición y naturaleza es inalcanzable? ¿Cómo podemos ver lo que por definición y naturaleza es invisible?

Es Jesús quien elige a tres de los 12 para llevarlos a

orar al monte donde se transfiguró. Esos tres no se ofrecieron: Nosotros, NO podemos por nuestros esfuerzos llegar a la intimidad de Dios. Por el contrario, somos guiados, a veces tomados de la mano o llevados en los brazos por él, para llevarnos al punto en que todo nuestro ser, nuestra memoria, atención, voluntad y afectos reposen perfectamente en su Presencia.

Esta es la confianza que debemos mantener siempre. Es bueno y necesario no conformarnos con un rezo rutinario, formal, automático y sin amor. Uno puede "ambicionar cristianamente" que nuestra vida interior llegue a convertirse en una vida mística. Porque fue esto lo que Andrés y Juan, en el fondo, buscaban cuando encuentran a Jesús y le preguntan a dónde vivía.

Aunque es fácil proclamar esta expectativa, menos fácil es conseguirla. Hay que entender correctamente lo que algunos quieren decir cuando afirman que debemos "practicar la virtud sin esfuerzo": Nuestra acción consiste en fluir decididamente con la corriente de la Gracia que el Espíritu mueve en cada uno, sin pretender indicarle a Él cómo es que tiene que hacer su trabajo en nosotros.

Respecto a esa conversión existen muchas definiciones. Una que es precisa y corta es la que dice san Pablo: "***Ya no vivo yo, sino Cristo que vive en mí***" (Gálatas 2,20).

De la "Vida mística" puede pensarse que es algo inalcanzable. Sin embargo, esta comienza, es sembrada, en el bebé que es bautizado sin que este se dé cuenta. De nuestra parte lo que cabe es movernos, profundizarla, en la dirección en que la Gracia nos encamina. Para responder bien a esta invitación una buena pregunta que podemos hacer es "¿Hacia dónde me llevas Señor?" o "¿En qué quieres convertirme?". Y él nos hará consciente de los auténticos deseos que bullen en nuestra alma.

Alcanzar el don de la total "invasión" de Cristo en mi vida y en mis potencias y la total adaptación de mi voluntad a su Voluntad, para amar con su amor, esto es también una forma de explicar qué es la "vida mística".

Cristo nos advierte que debemos aspirar a esto, de otra manera el caos del mundo y sus injusticias podrán aniquilarnos. La viuda pobre (Lucas 12, 1-8), representa esta enseñanza.

1.12) Una oración verdadera, una oración falsa

Algo puede ser considerado "verdadero" y por tanto digno de confianza, en al menos dos sentidos. Uno: en cuanto algo ocurre realmente y no simplemente como producto de nuestros deseos en combinación con nuestra imaginación. Y dos: por las consecuencias prácticas que con ella se comprueben.

1.12.1) Nuestra Fe se basa en hechos, no en emociones.

Nuestra relación con Dios y nuestra Fe, no se funda ni tiene su origen en las emociones. Al menos no en las propias. La Fe es nuestra respuesta a una acción de Dios, los que llamamos "lo hechos de la Revelación". Estos **HECHOS, son los acontecimientos y promesas que las Escrituras y la vida de la Iglesia contienen y transmiten**.

Imaginemos un tren de **3 carros**, la **locomotora** son **los hechos** (verdades espirituales y promesas) descritos en las Escrituras. Los que son transmitidos e interpretados por la Iglesia, siguiendo la práctica de los 12 apóstoles.

El segundo carro es **la Fe**, el don divino que nos permite creer y confiar que esos hechos efectivamente y de manera definitiva nos llevan a una intimidad con Dios y que forman nuestras convicciones y manera de vivir. Por este acto hacemos nuestras las promesas que Dios nos ha hecho.

El tercer carro consistiría en "**las consecuencias**". Estas son **reacciones internas** que incluyen las convicciones y las emociones; así como y **expresiones externas** como puede y debe ser nuestra conducta moral y las acciones buenas. Cuando alguien para creer, depende de lo que "siente" o de la conducta de otros, corre el riesgo de experimentar dolorosas decepciones y crisis espirituales. Sin duda lo afectivo y lo testimonial es importante. Para Cristo la conducta de sus amigos fue causa de dolor, pero la dependencia hacia su Padre era el motor de sus decisiones. La fe madura nos indica que solo la intimidad con Cristo y su integridad de vida debe llegar a ser la fuente que mueva las nuestras.

1.12.2) Creer y confiar

Nosotros "creemos" y "confiamos". Creer y confiar son actitudes que están íntimamente relacionados entre sí, sin embargo, no son lo mismo. Es clásico usar el ejemplo del equilibrista Blondín para explicarlo. Este era un equilibrista que hacia su número en las cataratas del Niágara. Y lo hacía llevando delante de sí una carretilla. Le preguntaba al público si creían que él podía hacer el cruce. Todos respondían que sí lo haría. Entonces les preguntaba si alguien estaba dispuesto a subirse a la carretilla que él empujaría. Nadie levantaba la mano. Así de intenso es el desafío de creer y confiar en Dios. Entonces, una **oración verdadera** es la que **nos ayuda a entender** lo que creemos, pero especialmente a subirnos a la carretilla de las promesas de Dios: a **desarrollar nuestra confianza en Él.**

Confiar nos cuesta tanto, porque implica abandonarse en las manos de otro, teniendo pocas o ninguna seguridad sensible. Nuestros orígenes más remotos están conectados con un acto de desconfianza hacia Dios y esto nos pesa y tiene consecuencias en todo, seamos o no creyentes. Confiar, de alguna manera es como apostar.

1.12.3) <u>La función de la imaginación</u>

Los momentos, menos o más intensos, más o menos largos, de este "darse cuenta de que estamos en Presencia de Dios", dejan en nosotros el **deseo de ser mejores y de amar más**. Ello también es un criterio de verdad.

¿Pero es esto algo que logramos con un manejo de la mente o de algunas técnicas ascéticas o mentales entonces?

Está comprobado que un ayuno prolongado crea un estado de percepción especial. La imaginación puede ayudarnos a orar, creando un ánimo apropiado, una disposición, y más todavía, en la oración podría ocurrir que en el coloquio con el Señor este entregue imágenes para que nosotros entendamos algo específico. Pero la imaginación no es la "sustancia" de nuestra oración.

Como veremos más adelante, la oración es una comunicación similar a la comunicación humana. En esta usamos palabras, gestos corporales, estímulos auditivos y mentales, y actitudes morales (gestos de amor y servicio a otros, como los que Cristo hizo). Pero **el diálogo más íntimo, se da cuando precisamente la mente se calla y deja de imaginar**. La mente en esos momentos solo espera y se hace inconsciente del tiempo y del espacio: es el momento del **"estado de contemplación"**.

1.13) <u>Ser mejores, el criterio definitivo para decidir si la oración es verdadera y creíble</u>

Estamos de acuerdo que una experiencia espiritual auténtica nos mejora. La oración es una manera de ser y de vivir la vida. Nadie que sea amado y mejorado por la Presencia de Dios, puede dejar de mejorar también el medio donde vive y trabaja; y hacerlo espontáneamente y también deliberadamente. Nuestro amado y buen Amigo nos hace la Promesa de inhabitar en nosotros (Juan 14,23), difícilmente esto puede ser creído por otros si es que no se manifiesta en una conducta de parte nuestra que honre esa visita. Si mejoramos como personas luego de orar, entonces nuestra oración es verdadera.

Cuando nuestra conducta privada y social es constructiva, entonces podemos decir que nuestra oración y experiencia de Dios ha sido real. Esto es el "test de la credibilidad" de la oración.

Quien ha estado verdaderamente "en compañía de Dios" no puede sino reflejarlo en su manera de vivir. Lo contrario sería como entrar en una perfumería y salir de ahí sin olor a perfume. Quien ha escuchado al Dios verdadero, y no simplemente se ha encandilado con una idea que tenga de él (como le pasó a Pedro en la Transfiguración), no puede sino experimentar algún tipo de mejoría en su vida. Así ocurrió con todos quienes se acercaron a Jesús con buena voluntad.

Aunque esto no nos librará de equivocarnos y contradecir aquello con que hemos sido limpiados. Lo sabio es entender que nuestras caídas tienen que ser accidentes y no hábitos.

Si a pesar de practicar la "oración", nuestra conducta no es mejor, nuestra oración es "falsa", o la falseamos con nuestra inseguridad y/o nuestro miedo a ser libres de una imperfección. Pero date crédito: tal vez solo no mejoras no porque tu oración no sea "verdadera", sino porque tus limitaciones se han convertido en hábitos. Y esto demora más en superarse. Más oración y de más calidad hace mejorar más pronto y más sólidamente.

Dios infunde su Gracia, pero esta no obliga ni determina. A nosotros nos corresponde aprovechar la bendición y mantenernos en ella. Esta es otra función de la oración. Oramos para permanecer unidos al Señor: *"Yo soy la vid y ustedes las ramas. El que permanece en mí y yo en él, ése da mucho fruto, pero sin mí, no pueden hacer nada".* (Juan 15, 4-6).

La transformación, la conversión, rara vez es instantánea. Claro, hay momentos fuertes pero su desarrollo es gradual. Es lo que nos explica, por ejemplo, la curación del ciego (Marcos 8,22-26). Y a lo largo de su desarrollo - como en todo aprendizaje- hay fracasos debido a nuestras tibiezas y a nuestra tendencia a que las cosas y las personas tengan dominio sobre nuestra voluntad; por eso nuestro Liberador nos insiste diciendo *"Velad y orad para que no entréis en tentación; el espíritu está dispuesto, pero la carne es débil".* (Mateo 26, 41).

La unión con el Maestro es la que nos infunde la energía para ensayar nuestras mejores respuestas, porque su cercanía y amistad es lo que nos transforma. Por eso es por lo que aún las obras de servicio y sacrificio más portentosas no tienen la calidad apropiada si es que no son hechas en la unión con Dios, en SU amor (1 Corintios 13). Aunque contengan el valor de ser buenas, verdaderas y bellas: Es necesario que tengan la cualidad de la Caridad. Es decir que sea la actividad del Amor divino bajo la expresión de gestos humanos.

Por otra parte, los maestros espirituales recomiendan que, en vez de empeorar las cosas obsesionándonos con un defecto o una tentación, lo correcto es identificar el comportamiento o virtud opuesta y practicar esto otro. Y no se trata de que vayamos a ser "totalmente" diferentes; por eso cuando en el libro del Apocalipsis capítulo 21 versículo 1 se dice que veremos una Tierra Nueva y un Cielo nuevos, no se trata de una Tierra y un Cielo que no estaban antes. Se trata de que este mismo Universo dónde estamos hoy, es transformado: es resucitado. Así como no fue otro Jesús el que Resucitó, sino el mismo que murió: *"El que descendió es también el mismo que ascendió mucho más arriba de todos los cielos, para poder llenarlo todo."* (Efesios 4, 10). La Gracia supone la naturaleza y la perfecciona. No la reemplaza.

1.14) La oración perfecta

Inmediatamente, entusiasmados podemos decir "¡Yo quiero practicar la oración perfecta!", "¡Quiero orar perfectamente!". Tenemos que saber esto: **La oración perfecta es amar.**

Dar frutos de amor estando con la atención y los afectos puestos y **reposando en el Señor**. Hacerlo todo con ese amor personal, bendecido por el Amor divino. En una tensión de serenidad y de pasión. Es Caridad.

Podemos hacer las cosas por amor y con amor humano. Y hacerlo bien, pero para tener la seguridad que está expresando el amor de Dios, **debe ser un amor que repose en Cristo**, que esté impregnado por su amor. Así no será nuestro amor, sino el suyo el que toque, el que se acerque, el que ame. Así, cuando nosotros amemos, será Cristo quien ame por y en nosotros. Porque solo el amor de Cristo tiene poder redentor, y puede llevarnos a la intimidad de la Santísima Trinidad. Al Cielo.

Tal cosa ocurre en la medida que somos "divinizados" por la Gracia; es decir cuando nuestro ego es purificado de aquello que impide una inhabitación perfecta de Cristo en nosotros. Por ello también "orar" es algo tan "cotidiano" como difícil.

Hemos hablado del peligro de la "erudición espiritual", (que podría ser una "glotonería espiritual") por esto hay repetir que saber todo lo anterior no nos hace practicantes inmediatos de lo que intelectualmente sabemos. Tenemos que trasladarnos desde el solo decirlo al vivirlo. Citemos a Teresa de Ávila: *"No está la cosa en pensar mucho, sino en amar mucho. Y así lo que más despertare amar eso haced".*

1.15) <u>Lo que viene de Dios puede implicar conflicto, pero termina en paz</u>

"Hay un tiempo señalado para todo, y hay un tiempo para cada suceso bajo el cielo: .... tiempo de guerra, y tiempo de paz". (Eclesiastés 3, 1.8)

El libro de Eclesiastés hace una larga lista de "tiempos" o experiencias, que vive el ser humano. El tiempo final es el "tiempo de paz".

Caminar implica una purificación, y hacerlo con Dios nos lleva a la purificación completa. De aquí el gran valor que tienen las **peregrinaciones**. Las devociones del Pueblo, aquellas que implican una caminata hacia un santuario tienen el gran valor de ser un símbolo profundo y una oportunidad de orar excepcional. El solo hecho de caminar ahí, es por sí mismo una oración.

Nos damos cuenta de los aspectos que necesitan ser perfeccionados y otros que deben eliminarse durante nuestro avance. En el relato de Emaús este aspecto lo hace evidente la queja del Maestro: *"Entonces Jesús les dijo: "¡Oh insensatos y tardos de corazón para creer todo lo que los profetas han dicho!"* (Lucas 24, 25).

Todo eso se realiza mediante un juicio sobre las actitudes personales, las maneras de pensar y de actuar. Como dijimos al comienzo, las crisis y los dolores nos hacen crecer y abandonar lo conocido para entrar en etapas de mayor madurez.

Una vez Jesús dijo *"Yo he venido para echar fuego sobre la tierra... ¿Pensáis que vine a dar paz en la tierra?*

No, os digo, sino más bien división". (Lucas 12, 49.51). Este es un texto que nos puede dejar perplejos, y hay que explicarlo. ¿Acaso el Cristo no es el que viene a restablecer la unidad entre los polos de la dualidad?

Cada discípulo en su proceso de maduración debe librar luchas con aspectos de su propia biografía y personalidad. La posibilidad de *"hacer el mal que no quiere, y de no hacer el bien que quiere"* (Romanos 7, 19-25), es algo cotidiano, y por esto tiene que estar en constante auto observación. Caín y Abel están en lucha dentro de nosotros.

Por otra parte, la tarea de construir relaciones sociales de acuerdo con los valores del Reino no está exenta de esfuerzo, de errores forzados y no forzados, persecución y a veces de martirio. Fue lo que le ocurrió al Nazareno. Y a muchos otros.

El conflicto no es malo en sí mismo. Es natural, y cuando es bien conducido produce crecimiento. Las Escrituras afirman que Jesús fue llevado a su lucha en el desierto por iniciativa del Espíritu (Marcos 1, 12). Los procesos de maduración al ser iniciados por su acción tienen como destino la paz, y esto no excluye experimentar conflictos. Cristo resolvió perfectamente los que se le presentaron en el desierto.

La paz lograda en su preparación previa, y probada a lo largo de su ministerio, le permitirá perdonar a sus verdugos y después tener autoridad para bendecir a sus amigos cuando los dos discípulos de Emaús volvieron a Jerusalén: *"Mientras ellos relataban estas cosas, Jesús se puso en medio de ellos, y les dijo: Paz a vosotros."* (Lucas 24, 36). Como ocurrió con el Maestro, al discípulo también le toca vivir en medio de conflictos, llevar algunos en su interior, y también a veces producirlos.

Quien vive cerca de Jesús no solo experimenta beneficios, sino que experimentará la persecución que él mismo experimentó. Pero esto se hace con el corazón centrado en el Señor, sometido a su Autoridad, con la Paz que él otorga.

Debido a los encuentros con Dios podremos sentirnos conmovidos o pacificados. Podremos sentirnos corregidos o interpelados por él, y al final el fruto en nuestro ánimo serán deseos de ser mejores y de amar como hemos sido amados por él.

Podemos estar seguros de que es así porque el encuentro con Dios, menos o más sutil, menos o más delicado, menos o más afectivamente fuerte, es un encuentro de nuestra alma con la Tercera Persona de la Trinidad (Gal 5,22-23), que es quien nos lleva a Cristo y quien hace madurar su Presencia en nosotros. Él, que es un Espíritu de Paz (1 Cor 14, 32-33), nos llevará a la verdad completa (Juan 16, 13).

El encuentro permanente con Dios nos lleva a la **"oración constante"**, a vivir las 24 horas del día abrazados por la Presencia del Señor. Generalmente no como una experiencia emocionalmente sensible, sino como una disposición a ser bueno y a hacer cosas buenas para otros, animados por la convicción que esa actitud y obras son bendecidas con Gracia santificante, lo que las convierte en Caridad: en el amor con que Dios ES.

Amar es también un largo camino de aprendizaje. Y a pesar del placer que implica, tiene el carácter de una rosa con espinas. El aprendizaje, lo sabemos, a veces implica dolor. Y no es raro que en el camino del amor terminemos crucificados. Como nuestro Maestro. En este proceso no debemos olvidar ese antiguo principio que dice que el dolor es inevitable, pero el sufrimiento es opcional.

Por lo demás en algo que nos hará crecer el Espíritu Santo es en la indiferencia cristiana que Ignacio de Loyola describió en esta forma: *"es menester hacernos indiferentes a todas las cosas criadas, en todo lo que es concedido a la libertad de nuestro libre albedrío y no le está prohibido; en tal manera que no queramos de nuestra parte, más salud que enfermedad, riqueza que pobreza, honor que deshonor, vida larga que corta y por consiguiente en todo lo demás, solamente deseando y eligiendo, lo que más nos conduce para el fin que somos criados".*

1.16) <u>La oración y la libertad</u>

"El Señor es el Espíritu, y donde está el Espíritu del Señor, allí está la libertad." (2 Corintios 3, 17).

"Si el Hijo les da la libertad, serán verdaderamente libres" (Juan 8, 36)

Al orar se establece un "espacio sagrado personal". El más íntimo y privado. Porque es tu corazón, tu "aposento" (Mateo 6,6). Ahí, desde tu conciencia hablamos a Dios y es a dónde te habla Dios. Es el lugar de la Libertad, ahí habita el Espíritu. Con una sola regla: mantenerlo limpio (Mateo 12, 43-44).

En todos los otros lugares "sagrados", como por ejemplo parques o santuarios de la naturaleza, hay algunas leyes y reglamentos, buenos y necesarios. Pero en la oración profunda es donde no hay reglamento que te limite, ya que no se necesitan cuando estás fundido en Dios.

En la oración privada y profunda, si es que es verdadera oración y no una sugestión, autocomplacencia o ilusión, nace tu libertad de hijo(a) de Dios. Y nada puede poner cadenas a esto.

Solo desde la libertad y con actos libres podemos aprovechar lo que la Gracia ofrece. Mientras más libres son nuestra alma y voluntad, más capaces somos de responder a la

Gracia y ser mejorados en el proceso. Ninguna autoridad humana está sobre las convicciones nacidas de esta oración.

Algunas conclusiones de esta primera vía-estación.

Existen muchos y variados recursos para aprender a orar. No es el fin de esta reflexión repetir lo que ya está escrito.

Solo quiero invitarte a hacer tu propio recorrido, y para esto hay dos cosas que estás invitado a hacer:

a) Luego de pensar responde esta pregunta: "¿Qué definición de oración te hace más sentido o expresa mejor lo que tú quisieras experimentar?", "¿Qué buscas?".

b) Sé fiel a esa definición y practícala, haciendo todo aquello que creas que ella te sugiera, el deseo que ella encierra hará su efecto y tendrá una respuesta positiva. Haz tu propio camino hacia donde está el Señor. Si crees que lo tuyo es correr ¡Corre! Si crees que lo tuyo es bailar hazlo (, entonces hazlo así. ¿Quieres ensayar nuevos métodos? Hazlo. Lo que creas que te expresa, eso haz. Y hazlo todos los días. A cada momento. Pero no pierdas tiempo buscando novedades, ni te conformes con la rutina, ni solo esperes fechas y lugares especiales para expresar tus devociones.

Confía siempre, *"Porque quien pide recibe, quien busca halla y a quien llama se le abre"* (Mateo 7,8). Jesús encontró a Bartolomé bajo la higuera, antes de que este fuera llevado a su Presencia. Siempre la iniciativa la tiene EL. Él ya te buscó y te encontró. La oración profunda comienza cuando te has dado cuenta de eso.

Cualquiera sea tu idea de oración y las formas que uses para orar, la "práctica de la confianza" es el elemento común a todas las demás prácticas. Esta es la primera lección que se nos enseña a quienes buscamos la experiencia de Dios. A menudo es El mismo quién la enseña; siendo la más básica, tal vez es más la más difícil.

La "práctica de la confianza" a veces nos está siendo enseñada por medio de "sentir nada", a través de la sequedad y la falta de consolaciones espirituales o mentales. Si esto nos está ocurriendo es que estamos siendo entrenados en la primera y más necesaria lección.

Pedro, en la Transfiguración, está concentrado en su propia sensación de agrado, en la consolación que estaba recibiendo. Lo que indica que está centrado en sí mismo. La oración madura está más allá del placer o del displacer. Se concentra en la llegada del Novio.

En la oración madura uno está concentrado en "el Otro"; contempla la Presencia de Divina y no a sí mismo. La parábola de las jóvenes sabias y de las necias lo explica (Mateo 25,1–13). Todas esperan al Novio. Pero solo un grupo tiene el suficiente "aceite", la suficiente confianza y perseverancia para seguir esperándolo. Ellas no están en una competencia de "aguante" para auto complacerse, no están mirándose a sí mismas. Nuestras expectativas deben ser las mayores y estar acompañadas de una decisión estable para poder tener "la visión", es decir para recibir el regalo de la intimidad espiritual con el Señor. El encuentro se da en "la noche" (de manera parecida a lo ocurrido en Emaús). Aquí, a menudo en la aridez de nuestras noches-crisis espirituales, el Novio nos identificará por el brillo de nuestra alma y de nuestro ánimo.

Recuerda: el avance en tu práctica de la oración es la que permitirá que las 3 otras vías te abran toda su riqueza. Si tu oración está siendo efectiva para ponerte en la Presencia de Dios, entonces todo lo demás con seguridad te servirá para avanzar. Por el contrario, si la calidad de tu oración no es sólida (o sea si solo es rutinaria y no te hace avanzar en la intimidad y en la contemplación de Dios y en la práctica del amor) lo demás podría convertirse en una práctica superficial, monótona, en una simple rutina religiosa. Porque la oración es la sal que le da sabor a todo lo demás. Dios nos quiere a nosotros, no a nuestras obras separadas de nosotros. Si nos tiene a nosotros lo tiene todo.

Por eso Jesús, amándolas a las dos, está más contento con María que con Marta. Por eso es por lo que las Escrituras nos dicen que Jesús elige a los 12 para tres cosas, y la primera de ellas es lo que les dará sentido a las otras dos: El Señor los elige *"para estar **con** Él"* (Marcos 3,14). Este estar y permanecer en Él, es lo que produce la **identificación entre el Maestro** y los discípulos.

Es esto lo que permite a las dos mujeres y luego a todos los demás, descubrir que Pedro era discípulo de Jesús: *"Pedro estaba sentado fuera en el patio, y una sirvienta se le acercó y dijo: Tú también **estabas** con Jesús el galileo...Cuando salió al portal, lo vio otra sirvienta y dijo a los que estaban allí: **Este estaba** con Jesús el nazareno.... Y un poco después se acercaron los que estaban allí y dijeron a Pedro: Seguro que tú también eres uno de ellos, porque **aún tu manera de hablar te descubre"** (Mateo 26,69-75).

Las cuatro vías-estaciones de Emaús, repetimos, son parte de un solo camino, están íntimamente unidas por un significado: el encuentro directo con Cristo.

Tus anotaciones:

SEGUNDA VIA-ESTACION: LAS ESCRITURAS, SUS VERDADES Y PROMESAS.

"Entonces, comenzando por Moisés y por todos los profetas, les explicó lo que se refería a él en todas las Escrituras" (Lucas 24,27).

Las Sagradas Escrituras, la Biblia, son la segunda vía de acceso para encontrarnos con Dios, porque *"**No solo de pan vive el hombre sino de toda palabra que sale de la boca de Dios**"* (Mateo 4, 4). Jesucristo recurre a las Escrituras tanto para vencer su propio ego humano como para hacerles comprender a los dos caminantes el orden, la lógica, el sentido de los acontecimientos que los tienen perturbados.

Los sacramentos se celebran y reciben, por lo general, en los templos. Las Escrituras en cambio permanecen con nosotros donde estemos. Recordemos lo que dijimos sobre Bartolomé, el cual Jesús lo declaró "verdadero israelita" por estar **sumergido en las verdades y las promesas de las Escrituras**. Este futuro apóstol no se encontraba en el templo o en una sinagoga cuando fue elegido por el Salvador, sino bajo una higuera.

La Gracia santificante nos llega a través de la Escritura por medio de verdades y de promesas divinas. Pero, así como en la primera vía-estación Jesús nos indica que tenemos que "orar creyendo", ahora tenemos que "leer y escuchar creyendo". Es decir, buscando la conexión afectiva, la intimidad con el Espíritu que inspiró esos textos.

Las Escrituras son como una esponja impregnada totalmente con agua. "Escudriñar" entonces es el trabajo de tocar "la humedad" oculta en el texto, en sus palabras, sus frases, en sus historias, ya que estas están conteniendo una presencia de Dios. Las verdades se refieren a Dios, a su Pueblo (Israel, la Iglesia), y al ser humano en general. Todas esas verdades tienen un centro: Cristo. Este es el Alfa y el Omega de todo (Apocalipsis 21, 6-7).

Las promesas se refieren a bendiciones que Dios nos asegura que tendremos. Pero ellas no se nos imponen. Se nos ofrecen. Nosotros podemos aceptarlas o rechazarlas. Y al aceptarlas, disfrutar de sus efectos de acuerdo con nuestra disposición.

La Biblia no es un libro de Ciencias, sino una colección de libros de sabiduría religiosa y humana, testimonio escrito de la Revelación de Dios, de las promesas y verdades necesarias para que alcancemos el fin, el destino, para el que fuimos creados: resucitar para la Vida Eterna.

En Juan 5,39, se nos muestra a Jesús diciendo claramente que en ellas lo encontramos a Él: *"Ustedes escudriñan las Escrituras, porque les parece que en ellas tienen la vida eterna; ¡y son ellas las que dan testimonio de mí!"*. Las Escrituras, nos conducen a Cristo. Si en ellas lo buscamos a Él a él será a quien encontremos. Esto es lo que le lleva a san Jerónimo (traductor de la Biblia al latín) a decir "Conocer las Escrituras, es conocer a Cristo".

A raíz de la reforma protestante en el siglo 16, la Iglesia católica enfatizó el tema de los sacramentos, así como la dependencia de los laicos hacia la interpretación oficial de los textos bíblicos ofrecida por los ministros autorizados para hacerlo. Los protestantes por otro lado siempre entendieron que el conocimiento y el estudio personal de las Escrituras nos garantizan un crecimiento en nuestra relación con Dios y la comprensión de su Voluntad. Pero perdieron la conexión con la transmisión fiel y completa de las enseñanzas apostólicas, es decir con el Magisterio.

2.1) Qué es la interpretación oficial y qué la edificación personal

El Señor al elegir a los 12, estableció un grupo de líderes que organizara, nutriera, enseñara, motivara y dirigiera a la comunidad. Esta misión entregada por el mismo Maestro a los apóstoles tenía como propósito la **transmisión fiel**, sin tergiversaciones de lo visto y aprendido directamente de Él. El Magisterio es la función que cumplen los obispos en unión con el Papa, para que efectivamente no haya tergiversaciones en la transmisión de la obra y del mensaje de Cristo.

Dios reveló una información sobre Sí mismo y que está contenida en las Escrituras. Debido a la misión encomendada por Jesús a los 12, llamada "Tradición Apostólica", la explicación oficial de ese mensaje es una tarea exclusiva del Magisterio.

Todos los creyentes tienen la responsabilidad de conocerla y divulgarla. Las enseñanzas del Magisterio nos aclaran y explican en qué consiste la Revelación que Dios ha hecho de una vez para siempre.

¿Entonces no podemos buscar un mensaje personal en las Escrituras? ¿En consecuencia, el Catecismo sería más importante que la Biblia?

De lo que se trata es de entender que ninguna "consolación personal" es auténtica si se privilegia sobre, o, peor todavía, se opone a lo que la Iglesia ha creído **siempre** respecto a la Redención y a los medios necesarios para recibirla, ya que esta enseñanza fue entregada por Dios a través de Jesucristo. Ninguna consolación o "revelación privada" es superior a la ya entregada a todos.

Sin embargo, necesitamos desarrollar una habilidad propia para escudriñar las Escrituras. Necesitamos saber leerlas y hacerlo con entendimiento. Porque Dios quiere hablarnos directa y de manera específica a cada uno por medio de ellas. Al desarrollar esta habilidad, nuestro conocimiento de Cristo será más profundo y esto nos conducirá a producir frutos interiores y exteriores de evangelización, de progreso humano y de progreso espiritual y apostólico para la Iglesia y la Cultura.

Tenemos derecho a estudiar los textos bíblicos y a buscar un mensaje personal, ya que así podremos practicar más auténticamente nuestro discipulado. Sin un conocimiento de las Escrituras difícilmente puede haber un desarrollo apropiado de la Fe, porque desconocerlas y no entenderlas es desconocer las verdades y las promesas divinas. Si no lo hacemos así, para desarrollarnos dependeremos de lo que otros sepan y nos cuenten y nuestras convicciones se formarán no por nuestro propio discernimiento, sino que lo harán solo por las personas a las que le otorgamos credibilidad. Pero un adulto depende principalmente de sí mismo. En otras palabras, debemos hacernos responsables de nuestra formación y esto pasa por aprender a leer y entender los textos sagrados.

Dios quiere enseñarnos, hacerse presente y darnos el regalo de su Gracia a través de las Escrituras. No tenerlas cerca para escudriñarlas, es privarnos de una fuente de Gracia. Varios pasajes nos demuestran que Jesús sabía leer y escribir.

Y que había leído y estudiado los libros sagrados de su pueblo. Si Él lo hizo, entonces no podemos pensar que es algo de lo que nosotros podemos prescindir, o que es algo opcional.

2.2) Arde nuestro corazón, se abre nuestro entendimiento

Los dos amigos en estado de adoración y alabanza exclaman: *¿Acaso no ardía nuestro corazón cuando nos explicaba las Escrituras?"* (Lucas 24, 32).

Ese ardor es un estado de excitación espiritual, es un síntoma de que se ha producido un encuentro real entre la mente de Cristo y la nuestra. Lo que les ocurrió a ellos también le ocurrirá a quienes logren identificar la verdad y la promesa que nos quiere entregar cada capítulo de la Biblia.

A menudo leemos ansiosamente buscando una respuesta para una preocupación que nos aqueja, más que a Cristo nos buscamos a nosotros mismos; tal como los dos hombres caminaban con el Salvador sin darse cuenta de que era él. Tal vez para desahogarse aceptan la compañía del tercer caminante, y luego de responder su pregunta lo escucharon con atención. A veces nosotros aceptamos leer un texto "por si acaso", sin saber que Cristo está a nuestro alcance ahí mismo.

Es necesario recordar que la ley del crecimiento se aplica a cada vía-estación. Debemos crecer en nuestra habilidad de leer y entender la Palabra de Dios.

2.3) Lectura con fruto

"Entonces les abrió el entendimiento para que comprendieran las Escrituras." (Lucas 24, 45).

Cualquiera puede leer la Biblia, pero no necesariamente descubrir la Palabra de Dios en ella. Podemos leer la Biblia, sin leer y comprender la Palabra de Dios. Lo segundo implica un nivel más espiritual, el objetivo es llegar a este nivel. El Maestro repetidamente había hablado de la necesidad e importancia de los frutos que deben dar quienes se consideran discípulos suyos. En una ocasión dice: el que ***"oye y entiende la Palabra, y da fruto; y produce a ciento, a sesenta y a treinta por uno"*** (Mateo 13:23). Su voluntad es que entendamos, porque sin comprensión no daremos fruto.

Podemos estar seguros de que nuestra lectura producirá fruto, si entendemos lo que leemos.

El entendimiento es una función mental, y cuando este ocurre entonces también ocurre la conversión, el cambio en nuestra manera de pensar y esta es de por sí la disposición necesaria para recibir un aumento de la Gracia santificante, y como consecuencia un aumento en la intimidad con nuestro Salvador y Liberador.

Recordemos: Para creer en el Evangelio, primero tenemos que abrirnos a modificar nuestra manera de pensar sobre una o más cosas.

No siempre nos resultarán fácilmente evidentes las verdades y las promesas bíblicas. Dios quiere que saboreemos su Palabra, no quiere que la miremos como una literatura que solo los expertos pueden entender. Es cierto que la Biblia fue escrita por personas que vivieron en épocas y culturas muy distintas de la nuestra, esto es una de las causas de que su lectura a veces no es fácil. Necesitaremos una ayuda especial.

La Biblia no pretende ser un libro científico o de arqueología. No debemos olvidar que se tratan de verdades espirituales, morales y de sabiduría. Que fueron puestas por escrito dentro de una cultura específica. Por eso el texto no es considerado como una verdad literal y material. La Iglesia ha explicado esto cuando habla de los "géneros literarios".

2.4) La "Lectio Divina" y el método "OLIMA"

Para hacer ambas cosas, comprender la Palabra de Dios, necesitamos ayuda divina y humana. Dios interviene activando en nosotros la Gracia entregada en el Bautismo, para reforzar nuestra capacidad de hacer los descubrimientos de las verdades y promesas de las que necesitamos estar seguros, viendo su significado y la coherencia que tienen entre sí. El entendimiento es un don del Espíritu Santo.

En **2 Timoteo 2,16**, se nos dice que la Escritura es inspirada por Dios, es decir que contiene un mensaje que nos lleva sin errores a percibir su Presencia, a "verlo" y "oírlo". Recordemos que es esto lo que buscamos. Pero a menudo "tocamos la esponja" sin sentir siquiera la humedad que contiene. Necesitamos la ayuda de un método para lograr "apretarla" y aprovechar su contenido.

La ayuda divina también nos llega por medio de una ayuda humana. Esta es la función de una **guía de lectura**.

La Iglesia desarrolló a través de los siglos una forma de lectura que ayudara a la gente de cualquier época a encontrarse con Dios en la Escritura sagrada. Esa forma es llamada "Lectura divina" (lectio divina), la que consiste en 5 pasos básicos: *leer, meditar, orar, contemplar* y *actuar*.

La cultura actual nos ha creado la necesidad o actitud, de pedir efectos o resultados instantáneos, para casi todo. Esto, junto con la falta de hábito de leer libros, es otro gran obstáculo que tenemos que vencer. La forma más efectiva de hacerlo es decidiendo practicar y obteniendo resultados. Lo más frecuentemente posible.

Las Escrituras no son un café instantáneo sino un sabroso café de grano, pero que hay que "moler" y esperar para disfrutar su sabor y sustancia, que sin duda nos llenará de buena energía. Para ese proceso de "moler-escudriñar" las Escrituras, hemos preparado un método para practicar, basándonos en la lectura divina. Lo llamamos con la sigla nemotécnica (técnica para memorizar los pasos) OLIMA: Orar, Leer, Interpretar, Meditar, Actuar.

Hemos comparado las Escrituras con una esponja llena de agua. Esos 5 pasos, son como los 5 dedos de la mano que nos ayudarán a exprimir-escudriñar las Escrituras y aprovechar su líquido infinito. Ojalá lo pruebes al menos una sola vez.

Todo este método se puede simplificar así: <u>Aprender a **identificar las VERDADES y las PROMESAS**</u> que hay en el texto bíblico que leas; las cuales están ahí para nutrirte y seas capaz de construir una vida buena e ir al Cielo. Así de simple. Si logras esto entonces podrás estar seguro de que has escuchado al Señor hablándote a ti al escudriñar las Escrituras. Solo necesitas preguntarte ¿Cuál (es) es (son) la(s) verdad (es) que me enseña este texto? ¿Dónde veo la presencia de una promesa?

Las "**<u>verdades</u>**" te permiten saber más quien es Dios, conocer su Voluntad y cómo puedes relacionarte con Él. Observando cómo Jesús se desenvolvió en distintas circunstancias comprenderás los rasgos que tendrá tu propio discipulado si quieres seguirlo a Él.

Por otra parte, las "**<u>promesas</u>**" son ofrecimientos de obtener algo que te ayudará a construir una vida buena, a resolver una situación e ir al Cielo.

GUIA PARA LA APLICACIÓN DEL "METODO OLIMA" (ORAR, LEER DETENIDAMENTE, INTERPRETAR, MEDITAR, ACTUAR).

TEXTO: ___

IMPORTANTE: SIGUE **TODOS** LOS 5 PASOS, que son como los 5 "DEDOS" de una mano, que te permiten agarrar bien las Escrituras y exprimir su contenido.

"DEDO UNO": ORA

Expresando a Dios <u>claramente</u> qué es lo que necesitas hoy día, te preocupa, quieres Etc. Date tiempo para saber qué es. **Solo si eres claro con tu oración comprenderás la respuesta clara de Dios**. Imagina que te acercas a Jesús y él te pregunta: ¿Qué quieres? ¿Qué buscas?

Busco:

Quiero:

"DEDO DOS": LECTURA DETENIDA:	
Recuerda que Dios usará esta información para responderte y mostrarte verdades sobre Él, sobre ti y tus intereses /o sobre otros.	
¿Palabras claves?	Palabras claves:
¿Qué cosas ocurren (comer, hablar, mirar, pescar, enseñar Etc.)?	Palabras que se repiten
¿Qué objetos se mencionan?	Objetos:
¿Hay otros textos que pueden relacionarse?	Textos: (Citarlos)
DÓNDE Lugar, mar, montaña, casa, templo	+
CUANDO Hora del día, Fecha, Fiesta, estación	
¿CÓMO? ¿Cómo actúan los personajes, cómo se expresan, cuáles son sus razones, son así realmente o tú solo supones que es así? ¿Hay otras posibilidades? ¿Por qué tú piensas así?	**Acciones humanas:**
¿POR QUÉ? (¿Cuál es la razón de los diálogos? ¿Qué es lo que inicia la historia?	+

DEDO TRES": INTERPRETACION

NO es el mensaje para mí, sino el mensaje para TODOS: Sentido literal del texto.

¿QUÉ FUE LO QUE EL ESCRITOR SAGRADO QUISO TRANSMITIR A QUIENES ESCUCHARAN O LEYERAN ESTE TEXTO BIBLICO? (<u>SENTIDO</u> LITERAL DEL TEXTO, lo que materialmente escribió Ej. "Que Jesús tenía poder para multiplicar objetos"**.)**

SENTIDO LITERAL:

"DEDO CUATRO": **MEDITACION**
(El mensaje para mí)

¿Qué verdades sobre Dios, sobre mí y mis intereses me reveló el texto?

    Verdades sobre Dios:

    Verdades sobre el ser humano (sobre mí u otros):

¿Qué promesas de Dios contiene el texto?	Promesa(s) de Dios en el texto:
¿Cuál será mi respuesta ante esas promesas?	Mi respuesta a esa(s) Promesa (s):

¿Qué respuestas descubro para las cosas que me importan, interesan o preocupan hoy día?	La respuesta de Dios a mi oración:
¿Cuál fue la respuesta que el Señor me dio de acuerdo con lo que yo le expresé cuando hice oración antes de leer?	Invitación o desafío de la Palabra para mí:
¿Cuál es la invitación o desafío para mí en esta lectura?	

"DEDO CINCO": ACCION *"Poned por obra la Palabra y no se contenten sólo con oírla, engañándose ustedes mismos…"* **Santiago 1,22**

¿CUÁL ES LA INVITACION O DESAFÍO O INVITACIÓN QUE LA PALABRA LEIDA Y MEDITADA ME HACE?

¿QUÉ ACCIONES CONCRETAS VOY A HACER?

¿CUÁNDO LAS HARÉ?

¿CÓMO LAS LLEVARÉ A CABO? (Acciones prácticas)

TERCERA VIA-ESTACIÓN: LOS SACRAMENTOS NOS SUMERGEN EN LA INTIMIDAD DE DIOS

"Ellos le instaron, diciendo: Quédate con nosotros, porque está atardeciendo, y el día ya ha declinado. Y entró a Quedarse con ellos. Y sucedió que, al sentarse a la mesa con ellos, tomó pan, y lo bendijo; y partiéndolo, les dio. Entonces les fueron abiertos los ojos y le reconocieron; pero El desapareció de la presencia de ellos". (Lucas 24, 29-31).

¿Cuántas veces hemos comulgado a lo largo de la vida? ¿Cuántas de ellas han culminado en la certeza de estar en esos momentos "por Él, con Él, y en Él"? ¿Cuántas veces los "ojos" de nuestro corazón se han conmovido por tal aproximación y cercanía de Dios? No hay que deprimirse, todo eso es un regalo especial de Dios. A todos nos ha hecho un regalo anterior a ése, que es el único indispensable: la virtud de la Fe y las convicciones cuidadas por la Iglesia.

3.1) Una manera de explicar qué son los sacramentos

La vida entera es "sacramental", es decir está llena de signos, tales como lugares, seres vivos, objetos y comportamientos que nos conectan con eventos profundos, que explican y resumen lo que nos pasa a nosotros, y que nos ayudan a comprender cuál es nuestro origen, presente y destino. Además, las personas creamos ritos. Estos son un conjunto de palabras, gestos y objetos que se emplean para conectarnos conscientemente con el significado de algún momento de la vida y expresar las energías que están presentes. Los ritos producen un **encuentro en cuatro dimensiones**: del sujeto consigo mismo, del sujeto con los demás, con su entorno y de todos con la Presencia de la divinidad. Con los ritos se expresan los deseos de conseguir una unificación.

Los ritos son básicamente de dos tipos: Los seculares y los explícitamente religiosos. Cada grupo humano, cada familia tiene sus rituales (conjunto de ritos), es decir sus maneras de expresar mediante símbolos las "unificaciones" que quiere conseguir, las victorias que desea celebrar, así como los fracasos y los éxitos que se deben integrar en su ánimo para recuperar el equilibrio. Los ritos ayudan a que grupos e individuos no entren en conflicto o debiliten sus energías. Refuerzan los lazos de pertenencia y refuerzan así el sentido de protección. Los ritos le dan una lógica, hacen comprensibles aquellas las experiencias límites, o al menos permiten que las emociones no sobrepasen la capacidad de vivir productivamente.

La Iglesia tiene y comparte muchos tipos de rituales que usa como "bendiciones" (bien decir, decir cosas buenas sobre algo o sobre alguien). Bendice casas, carros, herramientas, mascotas. Estos gestos han sido creados por la Iglesia por la necesidad de reforzar o destacar el significado que tienen en el Plan de Dios, la persona, la actividad, el lugar, la herramienta, los acompañantes del ser humano, y otras cosas más. Ese plan es que las personas construyan una vida buena y "vayan al Cielo". Estas bendiciones rituales se llaman "sacramentales". Son oraciones creadas por la Iglesia.

"**Sacramento**" en cambio es el nombre que se reserva para las 7 bendiciones más poderosas, y lo son porque tienen a Cristo mismo como autor directo. El los instituyó para comunicar su Presencia y la "Gracia santificante".

Jesús tomó varios gestos que ya se practicaban en su tiempo y los instituyó como "signos para su Iglesia". Celebrándolos ayudaría a que las vidas de quienes lo aceptaran como Restaurador de la Intimidad con Dios, permanecieran abiertas a su acción.

Fue una de sus maneras de responder a la petición de "quedarse". Y lo hace como "comida lenta", no como "comida rápida". Necesitamos prepararnos para ella y darnos tiempos para degustarla.

Al final del camino, ya en el pueblo de Emaús, Cristo celebra la Eucaristía (por primera vez lo había hecho antes de su muerte, ahora es primera vez que lo hace después de resucitado). Cuando los caminantes debían estar cansados y con hambre, nada mejor para reponerse que nutrirse del mismo Cristo. Los Sacramentos son un lenguaje de encuentro y fortalecimiento porque nos acercan a la Presencia de Dios.

Y lo hace en **3 momentos de la vida** del ser humano:

• El momento de **iniciar** y **fortalecer** la intimidad con Dios, que ocurre por un nuevo nacimiento (Bautismo) y se hace apto para **dar frutos** (Confirmación y Eucaristía).

- Cuando necesitamos **sanarnos rupturas y decadencias** espirituales y físicas profundas (Reconciliación y Unción de los enfermos)
- Cuando hay un **llamado especial a asimilarse al trabajo de Cristo** (Orden sagrado y Matrimonio)

Todo aquello que se ha estado acumulando en la vida de oración, y en la comprensión de la Palabra de Dios, se expresa y tiene su culmen en la celebración de cada Sacramento. Especialmente en la Eucaristía.

La tercera vía-estación, aparte de los propios efectos, conduce a un encuentro con la Comunidad y con el servicio (cuarta vía-estación). Este encuentro a su vez **retorna a la vida de oración** (primera vía-estación) para hacerla cada vez más profunda e íntima. Oramos sobre lo que hemos vivido, dentro y fuera de la Comunidad, conversamos con Dios sobre los éxitos y dificultades encontradas en el servicio, a la luz de las Escrituras comprendemos qué verdades y promesas se aplican a esa conversación. Y hacemos alabanza al Señor. Por eso el magisterio afirma que *"La liturgia es la fuente y el culmen de toda la vida de la Iglesia"* (Constitución de la divina Liturgia #10).

3.2) La iniciativa de Dios en la visión sacramental

"Pero sus ojos estaban incapacitados para reconocerle"
(Lucas 24, 16).
"Entonces les fueron abiertos los ojos y le reconocieron"
(Lucas 24, 31).

Luego de resucitar, Jesús fue reconocido por sus discípulos cuando les fue otorgado darse cuenta de que era él. Ni sus amigos más íntimos al verlo cara a cara podían saber que era él. Así lo constatamos por ejemplo en el diálogo que sostuvo con Magdalena (Juan 20, 14-16).

Cuando las Escrituras dicen que "**les fueron abiertos los ojos**", están afirmando que **no es una capacidad propia de las personas** identificar la Presencia divina en los Sacramentos. Mientras no se nos conceda tal percepción o intuición solo nos queda hacer un acto de Fe y confianza, aceptando los hechos que nos transmiten las Escrituras y que la Iglesia ha practicado a través de los siglos, como verdades reveladas. Esto es vivir la Tradición Apostólica. No creemos simplemente lo que intuimos, sino lo que la Iglesia ha creído a través de los siglos.

Solo una vida madura de oración puede llevarnos a que esa Fe y confianza también se exprese en "visión", o sea que el resultado sea un aumento de intimidad con el Señor que nos provea de la percepción de su Presencia. Pero recordemos que Dios no va a esperar que pasen los años si El considera que quiere darnos ese regalo: El avance espiritual no depende de nuestros esfuerzos, sino de las iniciativas que Cristo considere que quiere darnos. Dios no da nada inútil ni a destiempo. A algunos el Resucitado se les "aparece" antes o después en el camino. Lo importante es que vayamos en oración, caminando con él. Usualmente nos prepara antes: estemos alerta, la preparación para la visión, para la intimidad, implica purificaciones y que nuestra vida se desarme. Esto es previo a que se vuelva a armar como conviene a un instrumento que debe sonar como el músico experto necesita.

El Maestro al principio de su ministerio, había mandado que se hiciera el servicio de compartir los signos de su Presencia con otros: *"Y respondiendo El, les dijo: vayan y cuenten a Juan lo que han visto y oído: los ciegos reciben la vista, los cojos andan, los leprosos quedan limpios y los sordos oyen, los muertos son resucitados y a los pobres se les anuncia el evangelio"* (Lucas 7, 22).

Ese texto menciona **5 tipos de personas**: ciegos, cojos,

leprosos, muertos, y pobres. Podríamos relacionarlos con los **5 sentidos**: la vista, el tacto, el olfato, el oído, el gusto.

Fuimos creados con la capacidad de percibir y hablar directamente con Dios. Esto es nuestra "esencia". Pero esa capacidad se inutilizó por la ruptura original. Dios quiere repararla, y así **volver a hacernos capaces de ver, sentir y saborear lo bueno, lo bello y lo verdadero**: A Él y a su Creación.

Nos restaura para que formemos la Iglesia, una asamblea de quienes pueden dar testimonio de la sanación que hemos comenzado a conocer. Pero no somos un producto terminado.

La falta de un pie o "cojera", implica una limitación para "sentir el camino" y avanzar con seguridad en una senda complicada. La lepra a su vez produce aislamiento social no solo por el contagio y la "maldición ritual". Aunque se oculte puede ser detectada por el olfato. La ruptura espiritual puede ser disimulada, puede tener una presencia invisible, pero que es sensible, detectable. En el caso del oído y del sabor, la relación es que el cuerpo de un muerto ya no oye, y los pobres no tenían mucho para comer y saborear.

El trabajo del Mesías es acercarnos a la experiencia de Dios, sanando nuestros "sentidos" espirituales. Los Sacramentos son como herramientas que re-conectan nuestra vida dentro de nosotros, con otros, con la Creación, con Dios. Con el Cuerpo de la Iglesia. Re-establece nuestra red de relaciones. En ellos comienza nuestra propia transfiguración, por participación en la de Cristo. Y lo hacen a través de los sentidos; recordemos: *son signos sensibles.*

La mención del leproso no solo tiene sentido por el fenómeno social que implicaba esta enfermedad en esos tiempos. La reconexión con la Gracia que aseguran los sacramentos tiene como destino la asimilación en cuerpo y alma de la Presencia del Reino, de Dios en medio de nuestra vida. Porque *"la Gloria de Dios es que el hombre viva"* (san Ireneo), *"Porque* **Dios no es Dios de muertos***, sino de vivos, pues para él todos viven."* (Lucas 20, 38).

¿No se trata necesariamente de los sentidos externos. Sino de la capacidad interna de experimentar esta intimidad y así unirnos a la misma labor-misión de Cristo: Hacer presente el Reino interna y visiblemente en medio de nuestros ambientes. Entrar en la corriente salvadora, liberadora, sanadora que inauguró el Hijo del Hombre.

La vida sacramental significa-simboliza lo que Dios quiere que hagamos en nuestras relaciones sociales, con nuestro mundo: Que lo vivifiquemos. Y esto será también nuestra Gloria.

Dios nos ve a cada uno, como uno de esos 5 personajes que necesitan de su intervención para ser restaurado.

En su frustración ante las actitudes del Pueblo el profeta ruega a Dios que le prive a la gente de esa visión: *"Haz insensible el corazón de este pueblo, endurece sus oídos, y nubla sus ojos, no sea que vea con sus ojos, y oiga con sus oídos, y entienda con su corazón, y se arrepienta y sea curado".* (Isaías 6,10). Es como si le estuviera pidiendo castigo diciéndole "¡No los reconectes, no merecen ser reconectados!". Pero sabemos que Cristo hizo los méritos para que fuéramos dignos de serlo.

Es también la historia de Jonás, al cual Dios le manda a predicar a Nínive, una ciudad pagana (Jonás 3). Nuestro destino es ser salvados, no arruinados: *"Dios quiere que todos se salven"* (1 Timoteo 2, 4). Por eso rogamos con Fe ardiente *"Señor ¡Haz que vea!"* (Lucas 18, 41).

Pero tenemos que "caminar" y cultivar la paciencia. Para eso somos sanados de nuestras cojeras. O somos provistos con la voluntad para que a pesar de ellas avancemos. La paciencia/confianza (sostenida por la Gracia), luego de todas las "ausencias" prácticas de Dios que le tocó confrontar, es la que provee a Job la convicción para afirmar: *"Y después de deshecha esta mi piel, en mi carne he de ver a Dios; al cual veré por mí mismo, Y mis ojos lo verán, y no otro, aunque mi corazón desfallece dentro de mí."* (Job 19, 26-28).

3.3) El "dedo de Dios" nos toca eficazmente por medio de los Sacramentos

"Pero si Yo por el dedo de Dios echo fuera los demonios, entonces el reino de Dios ha llegado a ustedes" (Lucas 11, 20).

En el Bautismo y Confirmación somos iluminados y sellados para ver y entrar en la Presencia de Dios, en la Reconciliación y Unción de los enfermos somos limpiados y sanados de nuestras peores rupturas. En la Eucaristía se nos hace saborear con la mayor intimidad posible en esta vida, la Presencia Humilde y a la vez majestuosa de Dios. Con el Orden sagrado y el Matrimonio se nos consagra para el servicio y educa para la intimidad con Dios.

Los sacramentos son eficaces. "Eficacia" significa que cumplen, hacen, realizan aquello que dicen. No de manera "mágica" como si nuestra libertad no tuviera nada que hacer. La medida de los efectos está dada por nuestra disposición. Es decir, por nuestra voluntad consciente de experimentar todo lo que ellos ofrecen. Los sacramentos entregan una gracia que queda más o menos libre, más o menos retenida, dependiendo de nuestra disposición personal.

El Magisterio de la Iglesia nos dice en el # **1131** del Catecismo: *"Los sacramentos son signos eficaces de la gracia, instituidos por Cristo y confiados a la Iglesia por los cuales nos es dispensada la vida divina. Los ritos visibles bajo los cuales los sacramentos son celebrados significan y realizan las gracias propias de cada sacramento. Dan fruto* *en quienes los reciben con las disposiciones requeridas".*

Muchas veces la Gracia y los efectos de los Sacramentos esperan en nosotros como la hija de Jairo, la que pareciendo muerta, en realidad solo está dormida (Lucas 8, 52). El Señor nunca dejó de resucitar un muerto cuando se lo pidieron. Alguna vez **también lo hizo sin que se lo pidieran**, por ejemplo, cuando con misericordia vio el sufrimiento de una mamá (Lucas 7, 11-17). Porque Dios nuestro Padre sabe lo que necesitamos antes de que se lo pidamos (Mateo 6, 8).

La Eucaristía es el resumen de todo el camino de Emaús. En la santa Misa tenemos la oportunidad de experimentar las 4 vías: oramos, oímos las Escrituras, recibimos el Cuerpo y la Sangre de nuestro Señor Resucitado y somos enviados al Mundo, a la comunidad "de afuera".

Tus anotaciones:

CUARTA VIA-ESTACION: LA COMUNIDAD Y EL SERVICIO

"Al instante se pusieron en camino y regresaron a Jerusalén. Allí encontraron a los once y a los que estaban reunidos con ellos…. Los dos, por su parte, contaron lo que les había sucedido en el camino, y cómo habían reconocido a Jesús cuando partió el pan" (Lucas 24,34-35).

"Porque donde están dos o tres reunidos en mi nombre, allí estoy yo en medio de ellos." (Mateo 18, 20).

"… la fe sin obras es estéril" (Santiago 2, 20).

¿A qué se volvieron los dos? "Los dos" no se vuelven a contarles a los 11 (1+1= 2) y a los que estaban con ellos, que habían tenido una cena apetitosa con Jesús.

Vuelven a hacerles el servicio de **confirmarlos en la Fe y en el anuncio** que les había hecho con anterioridad el

Maestro: quien dijo que volvería a la vida después de la muerte, había cumplido su promesa. Comienzan a superar su caos y ruptura.

En la Eucaristía nace el envío y la salida, al encuentro con la Comunidad y al desarrollo de un servicio. El Reino implica un orden social y unas relaciones interpersonales que expresen la cercanía de esa Presencia. Esto no se da de manera automática, sino que es un trabajo que debe desarrollar cada uno con sus propias decisiones y obras. Primero en el ámbito directo de la familia.

"Los dos" pudieron haberse quedado ahí mismos drogados, saboreando la visión, la consolación y el ardor experimentado, tal como Pedro quería hacer cuando Jesús se transfiguró. Sin embargo, vemos que la acción misionera debe ser inmediata, por eso es por lo que los discípulos son reprendidos al momento de la Ascensión de Cristo: *"estando mirando fijamente al cielo mientras El ascendía, aconteció que se presentaron junto a ellos dos varones en vestiduras blancas, que les dijeron: Varones galileos, ¿por qué estáis mirando al cielo?"* (Hechos 1, 10-11).

La Eucaristía, como cada uno de los Sacramentos, es un punto de llegada, pero también el punto de partida de todo el ciclo de las 4 estaciones de Emaús. El camino de vuelta a Jerusalén también es un camino de oración. Se vuelven en oración, en unión a la Presencia del Resucitado. "Los dos" vuelven a servir a sus hermanos con la edificación de la Fe, de esta manera podrán terminar de estructurar la enseñanza y la profecía respecto al Plan divino de Salvación-reunificación: *"No hay más que un solo cuerpo y un solo Espíritu, como también una misma esperanza del llamamiento que ustedes han recibido; un solo Señor, una sola fe, un solo bautismo, un solo Dios y Padre de todos, que reina sobre todos, que actúa en todos y vive en todos".* (Efesios 4, 4-6).

Los acontecimientos eran demasiado sorprendentes

para las mentes todavía inmaduras de los discípulos, para poder asimilarlos y aceptar todo lo que estaban escuchando y viendo. Aunque habían sido previamente informados por el Mesías.

Nuestra mente necesita tiempo para darle forma, o estructura, a las experiencias. Y si estas son muy fuertes, necesitan más tiempo y más ayuda para poder hacerlo. En términos modernos se diría que los discípulos "estaban viviendo el duelo", ya que habían experimentado un "stress post-traumático". Los duelos tienen etapas, las que duran un tiempo diferente para cada persona.

Una vez que los discípulos logren superar el duelo, estarán en condiciones para ser la boca, el oído, los ojos, el olor, el sabor o la boca de Cristo: Ser ellos mismos la Presencia sensible del que se hizo invisible.

Para poder serlo, necesitan primero ser lavados y transformados. Este es el trabajo del Espíritu Santo. Esto ocurrió poco a poco en la convivencia entre los discípulos con el Mesías. Hasta que culminó el día de la efusión espiritual en Pentecostés. Y necesita continuarse.

Es en esta cuarta "vía de acceso a Cristo", donde también se confirma la autenticidad de la oración, es decir la verdad y la solidez de nuestra intimidad personal y comunitaria con el Resucitado. Quien se haya encontrado verdaderamente con Cristo, y no con una ilusión personal, dejará su comodidad para retornar al mundo, a la vida de cada día, a la comunidad y al servicio para compartir la nueva vida que ha recibido. A "hacer algo por los demás". Este "algo" tiene prioridades, y un discípulo debe saber cuáles son. Y sabe que todo es hecho "en nombre de Cristo", que debe tender a que su Persona sea recibida y aceptada como gobernante de la vida personal y grupal. Para que Cristo sea conocido hay que hacer algo obvio: "anunciarlo".

La manifestación visible de Cristo a los 11, ocurre a

los pocos minutos del anuncio que les llegan a dar los dos viajeros. *"Todavía estaban ellos hablando acerca de esto, cuando Jesús mismo se puso en medio de ellos..."* (Lucas 24, 36). El anuncio trae como efecto la experiencia de "intimidad sagrada", de una aproximación con la divinidad.

En la vida de comunidad, en la convivencia con otros hermanos en la Fe se produce la impregnación mutua de lo que creemos y vivimos. Debemos procurar entonces que los contenidos que ponemos a disposición de otros, intencionadamente o no, deben ser los mejores posibles.

Debemos considerar que tarde o temprano, los mejoramientos personales van a tener un efecto en los demás. Cuando un miembro mejora, la comunidad mejora. Esto es uno de los aspectos que confesamos en el Credo: **"creo en la comunión de los santos"**. Y en esta comunión **la producción de frutos** no es negociable. Cualquier árbol puede dar sombra, pero no cualquiera da frutos útiles. Eso es la lección de la maldición de la higuera (**Marcos 11, 12-14. 20-26**). **La Gloria del Padre** consiste en que al ser discípulos de Jesús **produzcamos mucho fruto** (Juan 15, 8).

Desde aquí nacen algunas convicciones.

4.1) Somos salvados-unificados como Pueblo

El mensaje de las Escrituras es bastante opuesto a lo que está imperando en las sociedades modernas del occidente. Mientras estas ponen énfasis en el bien individual y en la ganancia, la Biblia pone énfasis en el bien comunitario y en la ganancia social. La Biblia se juega más por "yo gano, tú ganas". Esto es muy difícil entenderlo en nuestra cultura porque el principio en que fuimos educados y que se nos refuerza diariamente es, más que otros, "yo gano, tú pierdes".

Dios crea la pareja humana como expresión de lo que él es: una comunidad. Estamos hechos para el encuentro. Pero ése encuentro para las creaturas, a menudo nace de una soledad previa y madurada. En muchas culturas esto se expresa en rituales de aislamiento e iniciación, que luego desembocan en el encuentro con la sociedad o la familia. Está en nuestro "ADN" espiritual el formar parte de una familia. Y necesitar de la empatía y fortalecimiento con las experiencias de otros.

En la gran aventura épica del Éxodo, queda claro que Dios salva y libera en comunidad, en un Pueblo. Por eso la - a menudo polémica- frase de san Cipriano de Cartago, "fuera de la Iglesia no hay salvación", debe interpretarse básicamente en relación con el hecho de que el encuentro con Dios, a la experiencia de la Promesa de unión eterna en cuerpo y alma con el Ser divino y de un Universo resucitado, necesita de un intermediario, de alguien que me anuncie y me indique dónde y cómo se produce ese encuentro. Y que me acompañe en los primeros pasos. *"Cómo, pues, invocarán a aquel en quien no han creído? ¿Y cómo creerán en aquel de quien no han oído?"* (Romanos 10, 14). *"La fe nace de la escucha de la Palabra"* (Romanos 10, 17). Y de ver cómo otros han combatido las batallas que les ha correspondido.

4.2) La Fiesta

El Pueblo de la Biblia es un pueblo festivo. La celebración con jolgorio es una de sus características culturales. Los momentos de liberación son recordados con reuniones solemnes y también muy alegres. En las fiestas el individuo reafirma su sentido de pertenencia. Recuerda sus derechos y deberes. Se restaura como sujeto y como comunidad. Sus dualidades son superadas por la Fiesta. Símbolo fuerte de esto es la alianza matrimonial. Es sintomático que hoy tan pocas parejas se estén casando formalmente.

Es en una fiesta de matrimonio donde Jesús, cuenta el

evangelio de Juan, hace su primer milagro. El matrimonio simboliza, con todas sus ambigüedades, la restauración de la unidad de la dualidad. Por eso la insistencia de Jesús en que "**no se separe lo que Dios ha unido**" (Mateo 19, 6). La Fiesta tiene una dimensión sagrada, porque a Dios le gusta la alegría del hombre. Y en ella las personas se unifican.

Es como que en ese acto Dios estuviese otorgando directamente el combustible que enciende la celebración de la unidad y de su presencia sanadora. Claro, hay fiestas y fiestas.

4.3) La dualidad es sanada por la relación trinitaria manifestada en la comunidad y el servicio

En el relato de las tentaciones vemos que todas ellas implicaban que Jesús hiciera algo que terminaría en su beneficio personal. Al hacer el milagro sugerido por satanás, obtendría un beneficio para sí mismo. Él renuncia a hacerlo. El vino para servir, no para ser servido. Los milagros que hace siempre beneficiarán a otros. El servicio es una estrategia positiva para salir de sí y "levantar la cara".

La dualidad expresada en la repitencia del número dos tiene un sentido espiritual y práctico muy profundo. En la vida se encuentran muchos ejemplos de dualidad. No siempre como buenos ejemplos. La dualidad a veces adquiere matices de abierto antagonismo. Muchas veces refleja una mirada inmadura e inflexible de personas y grupos que se clasifican unos a otros como "buenos" o "malos", o "amigos y enemigos", "santos" y "pecadores", "ortodoxos" y "heréticos". El Maestro tuvo que resolver algunos de estos temas cuando tiene que explicar por qué la separación de la unidad de un matrimonio debió ser tolerada por Moisés (Mateo 19, 8). O cuando corrige y enseña a los 12 cuando estos le informan que "*algunos que no son de nuestro grupo están haciendo exorcismos en tu nombre*". Jesús defiende la unidad, la sincronía, la complementariedad como uno de los valores del Reino (Marcos 9, 38-40). Pero nunca que pueda haber solidaridad con el mal.

Insistamos en esto: el fin de todo, su plenitud, es la realización de la Unidad, no la permanencia de los antagonismos que son producto de dos polos de atracción (**Juan 17, 21-23; Efesios 1, 10**). El sacramento de la Reconciliación ("Confesión", "Penitencia"), apunta específicamente a deshacer esas rupturas antagónicas, que nos alienan de nosotros mismos, del ser de Dios, y de la comunidad.

A lo largo de la Historia ha habido grupos de pensamiento dualista extremo muy influyentes, como son los gnósticos y los maniqueos. Estos creyeron y enseñaron errores graves respecto a la dualidad, llegando a afirmar que el mal es una entidad como lo es el bien, y que por esto se confrontan. Algunos exponentes de estas filosofías llegaron a afirmar la existencia de dos dioses, uno malo y otro bueno. Algunos pensaron que llegaría un día que habría una síntesis entre ellos.

Se atribuye a los antiguos griegos destacar esa visión dualista de la vida. Pero las fábulas griegas hablan de lo que está en el fondo de nuestra mente: los arquetipos. Símbolos universales que están en nuestro inconsciente colectivo.

La industria cinematográfica y la corriente "New Age" han popularizado esa perspectiva. Por su parte la Iglesia afirma y cree que **el "mal" es solo ausencia de bien**; y que solo este tiene sustancia real. Por esto, es impensado, por ser imposible, el establecimiento de una unificación del bien y del mal para ser sintetizada por Dios. En Dios **solo** puede haber "bien-Ser", nunca "mal-no ser". La doctrina del Purgatorio, como estado de maduración en el amor, en el Ser, en el bien, como purificación de todo lo que nos hace "no ser", hace mucho sentido aquí.

4.4) La célula: unidad básica de encuentro y evangelización

En el relato de Emaús los que caminan compartiendo sus sentimientos, son dos, la cantidad mínima establecida por Cristo para manifestarse. Se brindan compañía: la acción más básica para que el dolor no sea devastador y aniquile el ánimo de la persona. La compañía también es lo que ayuda a reforzar la esperanza de los que dudan. Nacimos para acompañar y ser acompañados: Dios no puede negar su palabra cuando dijo "no es bueno que el hombre esté solo". En medio de una cultura de relaciones distantes, la célula, el grupo de discípulos más pequeño, ofrece intimidad con todos sus elementos.

Pongamos atención a **Juan 14, 23**, aquí Jesús pronuncia la Promesa de la inhabitación divina: la Trinidad tendrá una intimidad con quien practique su Mensaje. Ese texto tiene un énfasis individual. Dios tendrá una relación personal con cada uno de los que hagan lo que él dice.

La relación de amistad es con cada uno. Esto lo hemos aclarado durante la explicación de la primera vía, la oración. La Fe comunitaria adquiere su característica "iluminativa" **en la medida de que cada uno de los miembros** haya tenido aquella experiencia de ser amado personalmente por el Padre. Como fue amado el mismo Cristo. Y esto no puede ser comprendido sin la ayuda de otros que efectivamente hayan tenido ese encuentro.

Por eso decimos que **una experiencia de Fe auténtica nace y se confirma en una comunidad**. En algún tipo de comunidad. Pero cada uno debe responsabilizarse de experimentar el encuentro con el Señor. Todos necesitamos compañeros para recorrer este camino personal de salvación, liberación y sanación. La iglesia histórica, la que fundó Cristo, empieza exactamente así: Jesús es seguido por dos discípulos de Juan bautista, Andrés, y probablemente el apóstol Juan (Juan 1, 35-42). Luego será Andrés quien informe e invite a su hermano Pedro. Este será "el tres". Cuando Jesús envía a los 72 discípulos, lo hace en **grupos de a dos** (Lucas 10, 1).

El compañerismo es esencial en la búsqueda de la experiencia de Dios y en el servicio: *"Más valen dos que uno solo, Pues tienen mejor pago por su trabajo. Porque si uno de ellos cae, el otro levantará a su compañero; Pero ¡ay del que cae cuando no hay otro que lo levante! ......Un cordel de tres hilos no se rompe fácilmente."* (Eclesiastés 4, 9-12).

El Padre ha planificado esto así, sabiendo que necesitamos compañía "semejante a nosotros". Ya en el inicio del proceso de reproducción humana, una vez que el espermio fecundó al óvulo, el gameto comienza su reproducción celular dividiéndose en dos.

En la Misa se dice "Con Él, por Él y en Él", esto indica como es el proceso en que hacemos comunidad con la "Trinidad". Su compañía nos hace salir del encierro de nuestra dualidad: somos Uno con el Padre, por el Hijo, en su Espíritu.

El aspecto comunitario también tiene implicancias prácticas; nuestro servicio se hace más productivo en equipo. La fecundidad tiene que ver mucho con esto. Cierto, hay personas que tienen individualmente la capacidad de ser muy productivos. Pero no lo serían si de alguna forma no tuviesen algún apoyo personal, aunque esto sea indirecto.

El Matrimonio es signo de esa fecundidad.

Incluso, en la biografía de muchos santos fundadores célibes, se puede distinguir un compañerismo espiritual.

Nos podemos preguntar si hubiesen tenido tal fecundidad sin ese compañero o compañera del camino espiritual. Por ejemplo, san Benito de Murcia y su hermana santa Escolástica, san Francisco de Asís y santa Clara, santa Teresa de Jesús y san Juan de la Cruz, Francisco de Sales y santa Juana de Chantal. La célula es la unidad más pequeña de un organismo. Ella solo adquiere la plenitud de su valor o significado en cuanto el todo, el cuerpo, hace la actividad de producción. Sin embargo, este no puede existir sin las células. Y la salud de las células es la que le da salud al cuerpo. La reproducción de las células es lo que permite que el cuerpo siga con vida.

Por eso, podemos creer que mientras haya dos discípulos en el planeta, la Iglesia se mantendrá con vida.

Es de suma importancia que nos preguntemos qué tipo de vida tendría esa Iglesia si fuéramos solo yo y alguien más los únicos dos discípulos que vivieran en la Tierra. Si de nosotros solos, individualmente, dependiera **¿Seríamos capaces de mantener en la Tierra la presencia de la Fe?** ¿El Hijo del Hombre encontraría Fe en la Tierra debido a nosotros? Si es que él mismo no nos ayudara, con seguridad no la encontraría.

4.5) Hay una sola vida moral, con dos expresiones.

Es común que se malentienda la vida moral como algo que hace un individuo en su vida privada. Sin embargo, así como la vida de la célula se expresa en el cuerpo, y la actividad del cuerpo afecta a la célula, la vida moral del individuo y la vida moral del grupo o de la sociedad están íntimamente unidas y se afectan. No es que haya una "moral individual" y una "moral social" separadas como dos cuerpos.

Hay, en ese sentido, una sola moral, es decir un grupo de formas buenas y correctas de buscar fines correctos y buenos, el que tiene su expresión a nivel individual y grupal.

Por ello es por lo que los obispos han hablado del "pecado social". Los grupos y las sociedades han conformado, estructurado, maneras de pensar y de hacer que se oponen al bien, a la Voluntad de Dios. Ese des-orden social que daña a la persona, a la sociedad y al Planeta, ha sido impulsado por individuos que han hecho sociedad con otros y han creado una cultura, una visión y prácticas que en definitiva se oponen al Reino.

Sin duda la ruptura que nos aleja de Dios y de nosotros mismos siempre es personal. Aún el llamado "pecado social". Son las personas las que forman las sociedades, y las que practican vicios y virtudes. Y las que crean espacios de encuentro, Gracia y virtud, o las que crean conductas grupales organizadas de alienación, opresión, abuso, vicio, ruptura (destructiva). La "Doctrina social" de la Iglesia, es en realidad el pensamiento cristiano sobre moral humana en su dimensión comunitaria y estructural.

4.6) El respeto y el cuidado del Planeta, acto de servicio a otros y camino de Gracia

Los **"valores del Reino"** son todas aquellas acciones que promueven el bien (**la bondad**), el conocimiento que construye (**la verdad**), y lo que es deleitable como conducta y como hecho (**la belleza**). Quien los practica, se diga o no "católico" o "cristiano", está haciendo una obra que agrada a Dios. Por ello Jesús defiende a quienes hacen el bien sin que ellos sean necesariamente de "nuestro grupo" (Marcos 9, 38-40).

El Papa Francisco en su exhortación "Gaudete et Exsultate" hace explícita la convicción que había hace tiempo: podemos legítimamente pensar que hay muchos más "santos" y "santas" de los declarados como tales. Más aún, que esos "santos" y "santas" son personas que realizan un servicio cotidiano e implícitamente "religioso", y que el fruto de sus esfuerzos contribuye al desarrollo de la dignidad de las personas y de la Creación.

Nuestra relación con el medio ambiente también es una vía de santificación. El mismo Papa Francisco desarrolla este tema en su encíclica *"Laudato si"*.

4.7) La cuarta estación-vía: condición para ser aceptados en el Reino eterno.

Cuando Jesús cuenta la "**parábola del viajero asaltado**" (Lucas 10, 25-37), pone la escena en un camino.

Cuando oramos, escudriñamos las Escrituras, y participamos en la celebración de un sacramento estamos en un ambiente protegido. Haciendo eso arriesgamos nada o casi nada. Al menos no se supone que nos deba pasar algo malo. Las muertes dentro de un templo por un terremoto o por un ataque terrorista o los daños de un abuso en un recinto religioso pueden ocurren, pero, dependiendo del lugar, son menos o más posibles que pasen, y no una regla.

El riesgo y el lugar donde se pone a prueba todo, está en "el camino": fuera de la protección, en la Misión, en la vida misma. Es aquí donde vivimos o morimos, **aquí donde probamos que para nosotros la vida entera es oración, que las verdades y promesas divinas en las Escrituras son creíbles y aplicables, y que nuestra disposición al recibir los sacramentos ha sido la apropiada**. Los caminos eran la "oficina" de Jesús, un lugar dónde las personas podían encontrarlo con facilidad. Los primeros cristianos eran conocidos como "los del camino" (Hechos 18, 24-26; Hechos 19, 8-9; Hechos 22, 4).

Durante el conflicto y la persecución en el camino, es cuando se prueba que estamos dispuestos a responder o no por nuestras convicciones. Seremos capaces de hacerlo solo si estamos identificados con lo que creemos y conectados con lo que nos ha servido como fuente de nutrición en nuestras batallas. Es en la vida cotidiana donde nosotros conocemos el quebranto, el fracaso y la amenaza: La muerte. Y es aquí también donde recibimos y damos sanación, esperanza y vida. Cierto, a veces los daños ocurren de la manera más maliciosa en ambientes que se suponen deberían ser espacios de Gracia. Nunca hay que olvidar que el primer homicidio de la Historia ocurrió a raíz de un acto de culto. La Iglesia también es parte del camino y está en el camino y por esto es víctima de ladrones y asaltantes. Suele suceder que algunos líderes eclesiales han sido cómplices activos y pasivos de los asaltos al propio rebaño.

Siguiendo una antigua interpretación de la parábola de la que estamos hablando, el sacerdote y el levita de la historia simbolizan al culto y a la ley del Antiguo Testamento. Estos fueron incapaces de salvar y sanar al hombre que había perdido la Gracia de Dios. El samaritano, un hombre del que no se espera nada, símbolo del mismo Cristo, lo rescata y le deja al posadero, la Iglesia, "dos monedas" (nuevamente el 2), que representan el amor a Dios y el amor al prójimo para que cuide al herido. Podemos pensar también que esas dos monedas son una "célula de dos discípulos", las que en manos del Espíritu Santo han de trabajar para cuidar y sanar a la gente.

Jesús nos está invitando e indicando que hemos de ser nosotros los que "se le aparezcan" al ser humano caído y dañado por la vida y la ruptura existencial: **"Anda entonces y haz tú lo mismo, concluyó Jesús"**, (Lucas 10, 37). ¿Quiénes son esos asaltados y heridos? ¿En qué camino los encontramos? ¿He comprendido que soy yo también ese hombre del que nadie tenía expectativas el que va a ser instrumento de Dios? ¿Quiénes han sido esos instrumentos de compasión y de curación cuando yo mismo he sido asaltado y herido? ¿Qué hicieron por mí?

Es la práctica de la cuarta estación-vía la que en definitiva nos abre la puerta del Cielo: *"No todo el que me dice: "Señor, Señor", entrará en el reino de los cielos, sino el que hace la voluntad de mi Padre que está en los cielos. Muchos me dirán en aquel día: "Señor, Señor, ¿no profetizamos en tu nombre, y en tu nombre echamos fuera demonios, y en tu nombre hicimos muchos milagros?"* Y *entonces les declararé: "Jamás os conocí; apartaos de mí, los que practicáis la iniquidad."* (Mateo 7, 21-23).

¿Y cómo es el Cielo? Una leyenda china puede servirnos para ilustrar un aspecto que la Fe nos informa sobre él y que está en consonancia con el texto anterior: **"*Cierto día, un sabio visitó el infierno. Allí, vio a mucha gente sentada en torno a una mesa ricamente servida. Estaba llena de alimentos, cuál más apetitoso y exquisito. Sin embargo, todos los comensales tenían cara de hambrientos y el gesto demacrado: Tenían que comer con palillos; pero no podían, porque eran unos palillos tan largos como un remo. Por eso, por más que estiraban su brazo, nunca conseguían llevarse nada a la boca. Impresionado, el sabio salió del infierno y subió al cielo. Con gran asombro, vio que también allí había una mesa llena de comensales y con iguales manjares. En este caso, sin embargo, nadie tenía la cara desencajada; todos los presentes lucían un semblante alegre; respiraban salud y bienestar por los cuatro costados. Y es que, allí, en el cielo, cada cual se preocupaba de alimentar con los largos palillos al que tenía enfrente."***

+++ *Dedicado a mi esposa, quien me hace sentir cada día el amor personal de Dios. Y a los amigos leales con quienes nos hemos sostenido en los momentos duros y compartido nuestros caminos espirituales. A los perseguidos y abusados.*

¡"VENGA A NOSOTROS TU REINO"!

INDICE

INTRODUCCION P.1
PRIMERA PARTE: LA BÚSQUEDA DE LA EXPERIENCIA DE DIOS P.4
1) Ni a Dios ni a nosotros nos satisface una relación distante P.5
2) La relación con un Dios invisible P.7
3) La recuperación de la intimidad con Dios es expresión de la Revelación y de la Salvación P.8
4) "Vengan a mí todos…" (Mateo 13) P.10
5) El producto "teológico" del encuentro: La Gracia santificante P.11
6) Deshacer nuestros vestidos de hojas P.13
6.1) El "vestido de hojas" del miedo y la superstición........P.14
6.1.a) El Miedo y la Culpa P.14
6.1.b) La superstición P.18
6.1.c) La religión "parche o tapagujeros" P.20
SEGUNDA PARTE: EL ENCUENTRO PERSONAL CON JESUCRISTO EN CUATRO VIAS-ESTACIONES P.26
INTRODUCCIÓN: JESUS HACE SU RESUMEN P.27
LAS 4 VIAS-ESTACIONES DEL CAMINO DE EMAÚS P.30
PRIMERA VIA-ESTACION: LA ORACIÓN P.30
1.1) Obtienes y te conviertes en lo que crees P.30
1.2) Saber qué nos pasa y la unión espiritual: dos aspectos de la oración P.32
1.3) Orar buscando intimidad P.34
1.4) Jesucristo, Sumo Pontífice del acceso a Dios. El Padre es el

primer evangelizador P.35

1.5) ¿Cuándo oramos? El encuentro personal con Cristo empieza con el deseo de encontrarlo o con la tristeza de haberlo "perdido" P.37

1.6) Desarrollar una sana inconsciencia espiritual P.39

1.7) La oración va con nosotros sin ocupar lugar, sin que sintamos su peso P.40

1.8) Practicar deliberadamente momentos de encuentro con Dios P.41

1.9) No más teorías.Ya estamos orando. Necesitamos cumplir con la "ley del crecimiento" P.45

1.9.1) El comienzo de la oración. El antes y el después ... P.47

1.9.2) Simple pero no fácil, al comienzo P.49

1.9.3) La ley del crecimiento P.50

1.10) La transfiguración. La visión de Dios P.51

1.11) No soltar la mano de Dios P.54

1.12) Una oración verdadera, una oración falsa P.58

1.12.1) Nuestra Fe se basa en hechos, no en emociones P.58

1.12.2) Creer y confiar P.59

1.12.3) La función de la imaginación P.60

1.13) Ser mejores, el criterio definitivo para decidir si la oración es verdadera y creíble P.60

1.14) La oración perfecta P.63

1.15) Lo que viene de Dios puede implicar conflicto, pero termina en paz P.64

1.16) La oración y la libertad P.67

Algunas conclusiones de esta primera vía- estación P.68

SEGUNDA VIA-ESTACION: LAS ESCRITURAS, SUS VERDADES Y PROMESAS P.71

2.1) Qué es la interpretación oficial y qué la edificación personal P.73

2.2) Arde nuestro corazón, se abre nuestro entendimiento. . P.75

2.3) Lectura con fruto P.75

2.4) La "Lectio Divina" y el método "OLIMA" P.77

GUIA DE APLICACIÓN DEL "METODO OLIMA" P.79

TERCERA VIA-ESTACIÓN: LOS SACRAMENTOS NOS SUMERGEN EN LA INTIMIDAD DE DIOS P.85

3.1) Una manera de explicar qué son los sacramentos P.86

3.2) La iniciativa de Dios en la visión sacramental P.88

3.3) El "dedo de Dios" nos toca eficazmente por medio de los Sacramentos P.92

CUARTA VIA-ESTACION: LA COMUNIDAD Y EL SERVICIO P.94

4.1) Somos salvados-unificados como Pueblo P.97

4.2) La Fiesta P.98

4.3) La dualidad es sanada por la relación trinitaria manifestada en la comunidad y el servicio P.99

4.4) La dualidad es sanada por la relación trinitaria manifestada en la comunidad y el servicio P.101

4.5) Hay una sola vida moral, con dos expresiones P.103

4.6) El respeto y el cuidado del Planeta, acto de servicio a otros y camino de Gracia P.104

4.7) La cuarta vía-estación: condición para ser aceptado en el Reino eterno P.105

FOTOS: UNSPLASH.COM

Foto portada: Blake Cheek, Foto ciudad: Édouard Grillot, Foto Iglesia: Evan Quest, Foto rocas: Madku Sheshara, Foto puertas: Toa Heftiba, Foto estación metro: Nalau Nobel, Foto 2 hombres: Jonas Weckschmied, Foto 3 hombres: Ahmed Carter, Foto pan y copa: Debby Hudson, Foto 4 amigos: Helena Lopes; Foto contraportada: Karl Manguson

DISEÑO PORTADA: MOTUPICTURES.COM

Si quieres contactarte con el autor escribe a:
lafeduranteelcaos@gmail.com

TODOS LOS DERECHOS RESERVADOS. PROHIBIDA SU REPRODUCCION TOTAL O PARCIAL POR CUALQUIER MEDIO, A NO SER QUE SE CUENTE CON LA AUTORIZACIÓN EXPRESA DEL AUTOR.

Made in the USA
Columbia, SC
09 October 2023